DUMONTS KLEINE
ROZEN
LEXICON

Soorten · Herkomst · Keuze · Verzorging

Andrea Rausch

Met foto's van Annette Timmermann

REBO PRODUCTIONS

Afbeelding schutbladen: *Rosa* 'Lykkefund'

Oorspronkelijke titel: *Dumonts kleines Rosenlexikon*
Oorspronkelijke uitgave: DuMont monte Verlag, Keulen,
© 2003

ISBN 90 366 1636 0
© 2004 Rebo International
© 2004 voor de Nederlandse taal:
Rebo Productions, Lisse
www.rebo-publishers.com   info@rebo-publishers.com

Vertaling: Metter Tale, Joke H. van Dijk-Jonkhoff
Zetwerk: AdAm Studio, Praag Tsjechië
Gedrukt in China

Inhoud

Inleiding

De geschiedenis van de roos

Er is nauwelijks een andere bloem die op een langere geschiedenis kan bogen dan de roos. Deze bloem begeleidt ons al sinds mensenheugenis – en eerder, als we bedenken dat oervormen van onze tuinroos al dertig miljoen jaar geleden op aarde groeiden. Al sinds duizenden jaren geldt de roos als symbool van liefde en schoonheid. Zo was de roos ongeveer vijfduizend jaar geleden een vast onderdeel van de keizerlijke tuinen in Peking. De kruisvaarders brachten deze Chinese rozen – Chinarozen, met de botanische naam *Rosa chinensis* – mee naar Europa, waar ze toegang kregen bij het kweken van gevulde rozensoorten. Ook bij de Grieken en Romeinen werd de roos vereerd als 'koningin der bloemen'. Voor de buitensporig luxe feesten van de Romeinse keizers liet men bijvoorbeeld gigantische hoeveelheden rozenblaadjes aanslepen. In de eeuwen daarna werd het stil rond de roos, hoewel hij nog enige furore maakte als geneeskrachtige plant in kloostertuinen. Maar de in de volgende periode meegebrachte waar van de kruisvaarders, de heerlijk geurende *Rosa* x *damascena* en de apothekersroos *Rosa gallica* 'Officinalis', bracht de roos weer tot leven. Tot op dat moment werd de rozencultuur bepaald door natuurlijke selectie of door toevallig aangetroffen afstammelingen van wilde rozen – dat beeld veranderde ineens drastisch. Inheemse wilde soorten, Chinarozen en damascenerrozen vormden de basis van het doelgericht kweken van nieuwe soorten. Aan de hartstocht voor rozen van keizerin Joséphine de Beauharnais, gemalin van Napoleon I, is het te danken dat begin 19e eeuw een belangrijke en omvangrijke aanvulling van soorten ontstond. Omdat het assortiment rozen tegenwoordig onwaarschijnlijk groot is, kunnen wij u met dit lexicon slechts een kleine handreiking bij uw keuze bieden.

WELKE ROOS VOOR WELK DOEL?

Rozen zijn er in ongelooflijk veel vormen en keuren. Hoe kiest u daaruit nu de juiste? Om dit te vergemakkelijken hebben we de rozen aan de hand van hun groeivorm voor u gegroepeerd:

STRUIKROZEN zijn imposante exemplaren die 2-3 m hoog worden. Moderne soorten bloeien meestal een paar keer per seizoen, en afhankelijk van de soort zijn ze enkelbloemig of gevuld. Soorten met zijwaarts hangende takken plant u apart, die met opgaande groei in groepen of hagen.

WILDE of botanische rozen zijn de voorouders van onze moderne struikrozen. Ze bloeien één keer per jaar. Ze produceren vaak bottels en functioneren uitstekend als natuurlijke hagen.

OUDE OF HISTORISCHE ROZEN kenmerken zich door sterkgevulde, sterkgeurende bloemen. Engelse rozen van kweker David Austin en de recente romantische rozen houden het nostalgische karakter vast en groeien uitbundig. Het

gaat hier om struiken van doorgaans 1-2 m hoog, maar er zitten ook klimacrobaten tussen.

HEESTERROZEN (of parkrozen) groeien bossig en worden gemiddeld 50-100 cm hoog. Ze zijn geschikt voor beplanting van grotere vlakken, waarbij ze altijd in groepen worden gezet. Polyantha- en floribundarozen maken veelbloemige trossen die het hele seizoen door verschijnen. Tot de heesterrozen kunnen ook de tot 1,20 m hoge, vaker bloeiende grootbloemige rozen worden gerekend. Die dragen grote, meestal geurende bloemen aan lange stelen.

BODEMBEDEKKENDE ROZEN hebben de taak grotere vlakken, hellingen of schuurtjes te bedekken, een perk of terras te omvatten of een hangmand te sieren. Ze worden ook wel bodembedekkers of kruiprozen genoemd. Ze groeien vlak en kruipend, of omhoog en bossig (doorsnee 50-130 cm) en hun enkelbloemige of gevulde bloemen groeien in trosjes. Afhankelijk van de soort zijn ze eenmaal of vaker bloeiend.

KLIMROZEN begroeien hekwerken, pergola's, muren of oude bomen. Ze kunnen eenmalig of vaker bloeiend zijn en bereiken doorgaans een hoogte van 3 m. De Engelse rambler groeit bijzonder snel en kan wel 20 m worden.

DWERGROZEN passen goed in kleine tuinen en in bakken of potten. Ze vormen de ideale plant voor op het balkon. Omdat rozen lange wortels maken, is het verstandig alleen hoge potten te nemen.

HOOGSTAMROZEN EN CASCADEROZEN vormen in feite geen zelfstandige groep. Hierbij werd een grootbloemige roos op de onderstam van een wilde roos geënt. Bij de laatste dienden klim- of bodembedekkende rozen als onderstam. Als u hoogstamrozen goed bekijkt, kunt u achterhalen van welke roos ze zijn afgeleid.

Het bloeiseizoen begint bij de meeste tuinrozen in juni en houdt aan tot de late herfst. Sommige soorten bloeien ononderbroken (doorbloeiend), terwijl bij andere de bloei in perioden optreedt (herbloeiend of remonterend) – deze twee vatten we in dit boek samen met de term 'vaker bloeiend'. Daarentegen zijn sommige struik- en klimrozen, net als wilde rozen, eenmalig bloeiend, wat betekent dat ze één keer bloeien tussen juni en juli.

Waar moet u bij de aanschaf op letten?

U rekent er waarschijnlijk op dat u een paar jaar of langer van uw rozen zult kunnen genieten. Dan kunt u het beste kwaliteitsrozen aanschaffen, verkrijgbaar bij erkende rozen- of boomkwekerijen, (rozen)tuinderijen of vooraanstaande tuincentra. Daar kunt u ook overleggen over soorteigenschappen, bloeiduur en sterkte van rozen. Veel kwekers bieden hun assortiment ook aan via catalogi en de verzendhandel. Als u rozen uit de supermarkt haalt, loopt u het risico planten te kopen die onvakkundig of te lang zijn bewaard en die misschien schade hebben opgelopen.

Rozen zijn in de regel geoculeerd. Dat wil zeggen dat op het 'oog' van de onderstam (dus van de wilde roos) een andere soort is geënt – die u ziet. Het voordeel daarvan is dat de kracht en robuustheid van de wilde roos wordt gecombineerd met de bloemenpracht van de grootbloemige roos.

KWALITEITSKLASSEN: de Nederlandse Bond van Boomkwekers (NBvB) heeft de volgende kwaliteitscriteria vastgelegd, geldend voor alle rozen:

Rozen van kwaliteitsklasse A moeten behalve een goed vertakt wortelsysteem drie krachtige takken bezitten, waarvan er ten minste twee moeten ontspringen aan de wortelhals van de hoofdstam. Rozen van kwaliteitsklasse B zijn niet van mindere kwaliteit, maar moeten ten minste twee takken bezitten die ontspringen aan de hoofdstam. Deze rozen bezitten daarmee minder massa en dus een kleiner vertrekstation voor nieuwe uitlopers.

Een bijzondere klasse vormen het ADR (Allgemeine Deutsche Rosenneuheitenprüfung)- en Toproospredikaat. Een roos die het ADR-predikaat draagt, verdient dit niet zomaar. Dit predikaat wordt afgegeven door de Duitse Bond van Boomkwekers (Bund deutscher Baumschulen; BdB) en waarborgt de gezondheid van de roos. De roos wordt jarenlang op verschillende locaties, onafhankelijk van elkaar, getest op bloei, kleur, geur en ziekteresistentie. Een toproos heeft vrijwel dezelfde tests ondergaan, maar dan uitgevoerd op locaties in Nederland; dit predikaat wordt verstrekt door de Nederlandse Bond van Boomkwekers. In beide gevallen gaat het om zeer goede en gezonde rozen; uitsluitend de beste nieuwelingen krijgen het predikaat.

Rozen worden als volgt verkocht:

ROZEN ZONDER KLUIT worden meestal in kunststof zakjes of bakjes aangeboden; vaak zijn de wortels opgerold en verpakt in vochtig gemaakt materiaal zoals mos of een substraat.

Vocht is belangrijk, want eenmaal verdroogde wortels herstellen zich niet meer. Deze rozen zijn de goedkoopste die er zijn en de keuze is enorm. Ze kunnen in het voorjaar of de herfst worden geplant.

ROZEN MET EEN KLEINE KLUIT zijn meestal verpakt in een net of een kartonnen omhulsel van composteerbaar materiaal dat mee de grond in gaat. De wortels zijn redelijk goed beschermd; deze rozen zijn dan ook wat duurder. Ze kunnen in de herfst of in het voorjaar tot eind mei worden geplant.

ROZEN IN POT (container- of potrozen) zijn weliswaar de duurste variant, maar hebben het voordeel dat ze het hele jaar door geplant kunnen worden – behalve wanneer het vriest. De kluit moet goed doorworteld zijn. Ze zijn uitstekend geschikt voor poten en bakken, omdat ze al gewend zijn aan een kleine ruimte. U kunt ze al aanschaffen vanaf mei, bloeiend en wel.

DE BESTE STANDPLAATS

LICHT EN LUCHT: de meeste rozen hebben voorkeur voor een luchtige plaats in de zon. Dat is ook gunstiger: de bladeren drogen sneller na een regenbui, waardoor ze minder vatbaar zijn voor ziekten. Tocht of zeer windgevoelige plaatsen moeten worden vermeden, net als flinke hitte, die juist weer kan optreden op windstillere plekken en waarbij schadelijke insecten en schimmels hun kans schoon zien. Er zijn soorten die het ook goed doen in de halfschaduw, maar ook die minimaal een paar

uur zon per dag willen. Rozen mogen niet in de schaduw en onder het druppende regenwater van bomen staan. GROND: rozen zijn diepwortelende planten, waarbij de wortels ongehinderd naar beneden groeien. Daarom is een diepgrondige, losse en goed doorlatende grond nodig. Overtollig water moet snel kunnen weglopen; het mag niet blijven staan. De grond moet echter ook goed vocht kunnen vasthouden, want anders drogen de wortels in elke droge periode uit. Een zandige, leemachtige grond is het best: die levert de 'hongerige' planten voldoende voedingsstoffen. Bij lichte of middelzware grond is een toevoeging van compost, bladgrond, turf, oude stalmest of koemest, kalk of beendermeel (of een mengsel daarvan in de juiste verhoudingen) bevorderlijk voor de groei. Zware grond heeft beslist behoefte aan zo'n mengsel of componenten daarvan, plus wat scherp zand of fijn grind.

Rozen gedijen op neutrale tot zwak alkalische grond met een pH-waarde van 6,3 tot 7. Voor de vaststelling van de pH-waarde zijn speciale sets te koop. Zure grond verbetert u met kalk, een te kalkhoudende grond neutraliseert u met compost of turf. Belangrijk is verder dat u al het onkruid van tevoren verwijdert, vooral dat met wortelkluwen, omdat u er in een later stadium niet makkelijk meer bij kunt komen.

Als nieuw aangeplante rozen toch zwak blijken te zijn en weinig bloeien, dan kan het zijn dat de bodem rozenmoe is doordat op die plaats al eerder rozen stonden. Dan zult u de grond opnieuw geschikt moeten maken door het plantgat ruim uit te graven en de grond te verversen met nieuwe (rozen)aarde, compost, oude stalmest of koemest. Ideaal is een rozenloze periode van zes tot twaalf maanden.

DE BESTE PLANTWIJZE

PLANTTIJD: rozen zonder kluit kunt u het beste van oktober tot eind november planten, want dan is de grond nog warm. In koudere streken is het voorjaar (maart tot april) beter. Rozen met kluit kunt u tot eind mei planten; rozen in pot het hele jaar door.

In de regel wordt er altijd op vorstvrije dagen geplant; bij zware grondsoorten en in koudere streken in het voorjaar. Als u rozen na aanschaf niet direct plant, dan kunt u ze korte tijd in de tuin bewaren, waarbij u ze ingraaft en met ten minste 10 cm aarde boven de entplaats aanheuvelt. Als de rozen in dagen van vorst via de verzendhandel bij u zijn aangekomen, kunt u ze het beste een paar dagen laten wennen op een onverwarmde, maar vorstvrije plek voordat u ze uitpakt.

VOORBEREIDING: de planten eerst water geven. Zet ze met de wortels goed diep en rechtop twee tot vier uur in een waterbad, bij een voorjaarsaanplant liever een hele nacht.

Nu volgt het snoeien. Kort de takken tot op 15-20 cm in. Bij klim- en struikrozen laat u ze wat langer. Snoei ook de wortels licht; beschadigde wortels verwijdert u in hun geheel.

Het plantgat moet diep en breed genoeg zijn en de grond onderin moet goed los zijn, zodat u de wortels bij het planten kunt laten hangen zonder ze te knikken en zodat de wortels goed naar beneden toe kunnen groeien. Bij hoogstamrozen zet u meteen de paal in het gat, waarbij u de roos op een afstand van 5-8 cm van de paal zet. Het gat bij klimrozen moet 10-20 cm van de muur af liggen en u legt de wortels van de muur afgekeerd neer.

HET PLANTEN: de entplaats moet circa 5 cm, drie vingers breed, onder het oppervlak komen te liggen. Zo is dat deel goed tegen vorst beschermd. Vervolgens met aarde aanvullen en flink aangieten. Als het water is weggezakt, drukt u de grond even aan. Vergeet niet een gietrand te maken als u een cirkel mulch om de wortelhals legt.

Bij aanplanten in de herfst heuvelt u 15 cm hoger en stevig aan, zodat alleen nog de takken boven de grond uitsteken. Op deze manier is de roos tegen wind, zon en vorst beschermd. Voeg hoogstens een beetje compost, hoornspaanders of een langzaam werkende (organische) mest toe aan de grond.

In de zomer geplante rozen in pot moet u op warme dagen herhaaldelijk begieten, omdat ze nog geen diepgaande wortels hebben gemaakt.

VUISTREGELS VOOR PLANTAFSTANDEN:

Heesterrozen en grootbloemige rozen	30-40 cm
Sterkgroeiende heesterrozen	
en grootbloemige rozen	tot 50 cm
Perk- en struikrozen	80-120 cm
Dwergrozen	20-30 cm
Klimrozen	1-1,50 m

EEN LIEFDEVOLLE VERZORGING

GIETEN: wanneer de rozen goed zijn geworteld en aangeslagen, verzorgt de plant zich grotendeels zelf met het water uit de grond. Bij aanhoudende droogte kunt u bij gaan gieten, zeker jonge en pas aangeplante rozen hebben dat nodig. Hier geldt de regel:

beter één keer goed en veel dan steeds een beetje of alleen de oppervlakte. Het moet zo veel water zijn dat het water langzaam maar zeker de grond in zakt. Een laagje van 3-4 cm mulch bestaande uit compost, gemaaid gras, stro en koemest, houdt snelle verdamping van het vocht in de grond tegen. Als u de aarde geregeld hakt of schoffelt, blijft die los en zal het oppervlak niet dichtlopen. Giet nooit over de bladeren heen.

MESTEN: rozen zijn grootverbruikers en daarom veeleisend als het gaat om voeding. Een mengsel van organische en minerale mest is optimaal om aan die behoefte te voldoen. De handel verkoopt speciale rozenmest die u in maart-april en mei-juni kunt gebruiken. Houd de dosering aan, want rozen verdragen geen overdosering.

Organische mest geeft de voedingsstoffen langzaam af. Daarom is het aan te raden om al in de herfst compost, oude stalmest, koemest of hoornspaanders rondom de plant te leggen. Hetzelfde geldt voor langzaam werkende mest, die u vanaf half mei kunt aanbrengen. Medio mei en in augustus-september geeft u af en toe een handvol patentkali (kunstmeststof), en wat kalium verstevigt de innerlijke structuur van rozen zodat ze goed toegerust de winter in gaan.

Alleen oudere, volwassen rozen moet u eventueel al in het vroege voorjaar wat bemesten. Geef niet te veel stikstofrijke mest, dan gaat de roos namelijk meer blad dan bloem maken. Bovendien worden de zachte scheuten vatbaarder voor schadelijke insecten. Vanaf juli mag u geen mineraalrijke stikstofmest meer geven, zodat de dan aanwezige takken voldoende kunnen uitrijpen voor de winter.

Een gebrek aan stikstof leidt tot zwakke groei, geelgroen blad en weinig bloemen. Let erop dat u de roos in droge tijden na het bemesten veel water geeft. Als er mest terechtkomt op vochtig blad, verbrandt het blad meestal.

VERPLANTEN: liever niet, maar als het niet anders kan, graaf het nieuwe plantgat dan minstens zo diep en breed uit als het oude en giet de roos na het verplanten flink aan.

ZO KOMEN UW ROZEN DE WINTER DOOR: in tegenstelling tot de inheemse, wilde rozen zijn veel tuinrozen vorstgevoelig. Daarom is het raadzaam, met name in koudere gebieden, om ze vanaf midden november winterklaar te maken. Heuvel de rozen rond de entplaats goed aan en dek de takken af met rijshout; u kunt de rozen al in de herfst iets terugsnoeien. De echte snoei volgt in het voorjaar, voordat het blad uitloopt.

Rozen aan spalier (latwerk) of bogen worden met dennentakken beschermd door ze ermee aan te binden. Bij hoogstamrozen moet de kroon met eenderde worden teruggesnoeid. Omwikkel de kroon en de entplaats met een jutezak. Gebruik nooit plastic om mee af te dekken. Van begin tot half maart haalt u de beschermende materialen weer weg, bij voorkeur op een bewolkte dag.

SNOEIEN: WANNEER EN HOE?

Bij veel rozen is snoeien een noodzaak omdat ze zich op die manier verjongen en daarmee gezond blijven. Na maart – bij nachtvorstgevaar na de ijsheiligen van midden mei – neemt u beschermend materiaal en aanheuveling weg. Hierna volgt de jaarlijkse hoofdsnoei. Het voordeel van snoeien in het voorjaar is dat u vorstschade en afgestorven delen kunt herkennen en wegsnoeien.

HEESTERROZEN, GROOTBLOEMIGE ROZEN EN DWERGROZEN snoeit u elk jaar op circa 15-25 cm (drie tot vier respectievelijk zes tot acht ogen) terug; zwak groeiende soorten meer, krachtig groeiende heester- en grootbloemige rozen minder diep. Snoei oude en zwakke takken geheel weg, bevroren takken tot op het gezonde hout.

STRUIKROZEN licht u alleen uit, bevrijdt u van oude en zwakke takken, want die bloeien vaak de eerste jaren uitsluitend op meerjarig hout. Oudere, flinke exemplaren mogen een ingrijpende verjongingskuur ondergaan. Tot deze groep behoren ook de oude en de Engelse rozen.

KLIMROZEN snoeit u eveneens minimaal terug; eenmalig bloeiende rozen na de bloei. Haal naast de oude en afgestorven takken ook lelijk groeiende takken weg; de zijtakken van krachtige nieuwe hoofdtakken snoeit u tot op twee tot vijf ogen terug.

DE RAMBLER mag u na vier tot vijf jaar radicaal verjongen: snoei hem na de bloei tot op de grond af.

WILDE EN BODEMBEDEKKENDE ROZEN worden niet gesnoeid.

HOOGSTAMROZEN krijgen dezelfde behandeling als grootbloemige en heesterrozen.

BIJ CASCADEROZEN licht u hoogstens een te dichte kroon uit of kort u te lange takken in.

ROZEN IN POT moeten veel blad behouden; haal hooguit de uitgebloeide delen en bloemen weg.

EEN PAAR BASISREGELS:

• Zwakke takken diep terugsnoeien, sterke takken minder diep.

• Wilde scheuten aan de wortelhals steeds weg-snoeien.

• Met uitzondering van de wilde roos de uitge-bloeide delen de hele zomer door regelmatig ver-wijderen. Dan komen er nieuwe bloemen aan in plaats van rozenbottels.

• Gebruik een goed, scherp snoeimes maar beschadig hiermee de stelen niet.

• Snoei de tak een duimbreedte, vlak boven een oog (knop) af, zodat de nieuwe uitloper naar buiten toe groeit.

ZIEKTEN EN SCHADELIJK INSECTEN

ECHTE MEELDAUW: deze ziekte toont zich als witachtige poe-derige vlekjes op de bovenkant van het blad. Blad en takken worden bruin en sterven af. Net als bij de andere schimmel-ziektes is een aftreksel van heermoes (akkerpaardestaart) aan te bevelen. Snoei de aangedane delen weg en verbrand ze.

ROZENROEST: eerst verschijnen kleine, oranje vlekjes op de bovenkant van het blad; op de onderkant zitten de sporen. Later wordt het blad bruin en sterft af.

STERROETDAUW: typerend zijn de donkere vlekken op het blad, later vergeelt het blad en sterft af.

BLADLUIZEN: zuigen bij voorkeur het sap uit de jonge scheu-ten en bladeren, die dan vergroeien. Spuit de luizen weg met een krachtige straal koud water.

SPINMIJT EN SCHUIMCICADEN: hun zuigplekjes zijn te herkennen als kleine witte stipjes, het rode spinnetje laat een klein webje achter. Een effectief bestrijdingsmiddel is brandnetelgier.

ROZENBLADWESPEN: hun larven eten de bladeren vanaf de onderkant af, waardoor het blad gaat krullen en na een poosje afsterft. Verzamel de larven en vernietig ze.

Oorzaken voor schimmelziektes zijn vaak een windstille standplaats, of veel regen, zodat de bladeren geen tijd krijgen om te drogen. Ook overbemeste rozen, met hun te snel gegroeid en dus te zwak gestel, zijn bevattelijk. Optimale standplaatsomstandigheden en een evenwichtige bemesting zijn de beste voorwaarden voor gezonde planten. Als nuttige insecten als het lieveheersbeestje, zweefvliegje of gaasvliegje graag bij u in de tuin vertoeven, hebt u genoeg natuurlijke vijanden bij de hand. Bij kleine uitbraken van ziektes en aantastingen door insecten helpen vaak nog eenvoudige (huis)middeltjes; redt u het daar niet meer mee en moet u gebruikmaken van chemische middelen, vraag dan bij de vakhandel naar milieuvriendelijke producten.

BRANDNETELGIER: meng verse of gedroogde plantendelen met water (als richtlijn geldt 1 kilogram verse of 200 gram gedroogde brandnetels op 10 liter water), een dag laten staan en dan een halfuur koken. Laat de gier ongeveer twee weken licht afgedekt staan, tot hij niet meer gist en schuimt. Roer hem dagelijks om. Zeef de gier en verdun hem met water in een verhouding 1:5 voordat u hem gaat spuiten of opbrengen.

ROZEN OP BALKON EN TERRAS

Dwergrozen en lage heesterrozen kunnen een plaatsje krijgen op het balkon, net als hoogstamrozen, die als hoge blikvangers prachtig staan tussen andere zomerbloeiers en planten. Een klimroos is niet alleen mooi om te zien, maar beschermt ook tegen nieuwsgierige blikken. In elk geval hebt u iets nodig om de roos tegenop te laten groeien. Ook op balkon en terrassen hebben rozen zon en circulerende lucht nodig. Vanwege de lange paalwortels moeten de potten ten minste 40 cm diep en breed zijn – speciale rozenkuipen zijn het beste. Dwergrozen voegen zich ook in balkonbakken van 25 cm diep en breed. Wat u ook gebruikt: er moeten in elk geval gaten onderin zitten, zodat overtollig water kan weglopen, en onderin kunt u het beste nog wat materiaal als potscherven en een laagje grint leggen. Let er bij het planten op dat de entplaats

circa 2-5 cm onder de aarde ligt en heuvel de wortelhals iets aan. Als substraat is rozenaarde het geschiktst: los, humusrijk en bemest, zodat aan de voeding voor het eerste jaar is voldaan, ook de namesting. Na twee tot drie jaar moet de aarde volledig worden vervangen.

In de winter hebben ook de rozen beschutting nodig: zet ze dicht(er) bij de muren van het huis en dek de toplaag af met blad, dennentakken of compost. Om de wortels tegen de vorst te beschermen omwikkelt u de pot met noppen- of landbouwfolie (onderkant pot open laten). Sommige rozen moeten misschien nog wat worden begoten; doe dit alleen als het niet vriest.

PASSENDE BEGELEIDING

ROZEN EN STRUIKEN...

vullen elkaar wederzijds aan en verschaffen zo een harmonisch, afgerond beeld. Heester-, struik- en bodembedekkende rozen komen voor een geslaagde bruiloft met andere struiken en planten in aanmerking. Maar er zijn huwelijkse voorwaarden:

De partners moeten kunnen gedijen op een zelfde soort standplaats en beide houden van zon en een luchtige plek.

De afstand tussen de rozen moet circa 50 cm bedragen, zodat ze nog genoeg levensruimte om zich heen hebben.

Struiken en rozen moeten altijd gescheiden, dat wil zeggen in groepen en niet individueel, worden gezet: zo kunt u ze gericht bemesten en creëert u een rustiger beeld.

Kaarsvormige bloeiwijzen van andere planten leveren een mooi contrast met rozen

U geniet langer van de bloei van uw planten door vroegbloeiers op een goede manier af te wisselen met laatbloeiers en wat daartussen valt.

BLAUWE TOT VIOLETTE BLOEMEN gaan mooi samen met rozen:

herfstaster, grasklokje, campanula, ridderspoor, kattekruid, monnikskap, kogeldistel, lavendel, salie.

GELE BLOEMEN harmoniëren met rode of violette rozen: vrouwenmantel, guldenroede, Suzanne met de mooie ogen, zonnehoedje.

ROOD brengt leven in de brouwerij: ooievaarsbek, rode herfstasters, dovenetel, Zeeuws knopje.

ROZE KLEURT MET BLAUW EN VIOLET: muskusmalve, roze phlox, kaasjeskruid, tijm.

BLOEM EN BLAD BIJ ELKAAR: wit en zilver vormen de ideale verbintenis: alsem (bijvoet), witte herfstaster, witte anjelier, bruidssluier.

GRASSEN GEVEN STRUCTUUR: zegge, zwenkgras, Chinagras, smele.

ROZEN VOOR STRUIKGEWAS OF BOS...

Vormen tezamen het frame voor een goede rozentuin.

Ook hier geldt dat alle planten moeten kunnen gedijen op dezelfde standplaats voor een goede harmonie. Opdat de rozen genoeg licht en lucht krijgen, mogen ze niet te dicht bij elkaar staan. Laat tussen roos en de rest van de beplanting ten minste 1-2 m ruimte open.

Rozen direct onder bomen is taboe, omdat druppend regenwater van de bomen schimmelziekten uitlokt.

Bij droogte drinken zowel de rozen als de struiken en bomen van dezelfde bron: geef dan flink wat water.

Altijdgroene struiken en bomen zijn het hele jaar door een pracht in uw tuin. Bontbladige soorten eveneens, maar die kunnen ook onrust uitstralen.

Klimrozen laten zich goed met andere zomerklimmers combineren – *ton sur ton* of juist in sterke contrasten, volgens onze

praktische kleurenleer (zie hieronder). Als u de rozen enkele jaren voorsprong gunt bij het samenstellen van de combinaties,
is dat een voordeel. Kies dan robuuste soorten als 'New Dawn',
'Rosarium Uetersen' of 'Santana'.

DE CONSTANTEN – altijdgroene loof- en naaldbomen: berbe-
ris, buksboom (palmboompje, buxus), ilex, laurierkers, taxus,
mahonie, levensboom, cypres, den en spar.
DE BLADVERLIEZERS – bloeiende bomen/struiken: forsythia,
peperboompje, ranonkel, vlier, spirea, taxusstruik, weigelia,
wintersneeuwbal, sierappel en -kers.
DE BLAUWE PARTNERS: blauwe (wijn)ruit, blauwe papaver, ko-
renbloem.
PARTNERS VAN KLIMROZEN: hier moeten met name kamper-
foelie en clematis worden genoemd. Bij de laatste zijn
de in de zomer bloeiende, minder snel verwelkende soorten
geschikt, zoals 'The President', 'Jackmannii', 'Etoile Violette',
'Prince Charles' of *Clematis viticella*.

PRAKTISCHE KLEURENLEER

Rozen zijn er in nagenoeg alle kleurnuances:
van wit tot geel, van roze en rood naar violet
of bijna paars, en van zwartrood tot groen. Het
liefst wilt u misschien alle kleuren tegelijk gebruiken, maar een dergelijke combinatie zou
onrustig en uiteindelijk niet mooi zijn. Het is het

beste om u te beperken tot een kleiner kleurenpalet. Welke soorten laten zich dan het best combineren?

Geel, rood en blauw als basiskleuren passen uitstekend bij elkaar, evenals de contrastkleuren rood en groen, blauw en oranje en geel en paars (violet). Een kleurenpalet van warme kleuren is ook prima, bijvoorbeeld geel-, oranje- en roodtonen; hetzelfde gaat op voor een koude kleur als blauw met het soort rood dat, net als paars, een blauwtoon bevat. Bij de typische rozenkleuren als roze passen blauwe en heldere kleuraccenten. Bij paars en violet komen wit en zilver goed tot hun recht. Het makkelijkst te realiseren zijn arrangementen in *ton sur ton*. Krachtige kleuren als rood en geel mogen eigenlijk alleen als klein accent fungeren, in plukjes bij elkaar, omdat ze algauw domineren. De witbloeiende planten of die met grijs of zilver blad vormen een harmonische overbrugging tussen warme en koude kleuren. Daarom passen witte rozen goed bij rode of blauwe tinten.

Bij gestreepte rozen als de *Rosa gallica* 'Versicolor' staan ro-

zen in de kleur van de strepen het mooist. Sommige soorten veranderen van kleur tijdens de bloei: die zorgen voor complete verrassingen, zonder dat u daarvoor iets hoeft te doen. De soort 'Pur Caprice' bijvoorbeeld bloeit eerst strogeel, dan oudroze en tot slot appelgroen.

Met onderstaande aanwijzingen vindt u makkelijk uw weg in dit lexicon:

De rozen zijn ingedeeld in groepen: naar groeivorm en doel oftewel toepassing, zoals dat ook bij kwekerijen en tuincentra gebruikelijk is. Binnen deze groepen hebben we de rozen op alfabetische volgorde ingedeeld naar soort, waarbij de wilde soorten zijn ingedeeld naar geslacht. De familienamen zijn niet vermeld, omdat alle rozen bij de familie *Rosaceae* horen.

Vaak zijn soorten ook onder een andere naam bekend; dat is aangegeven met de afkorting Syn., van synoniem.

Het kan hier en daar voorkomen dat u een bepaalde roos in een rozencatalogus bij een andere groep ingedeeld ziet, vaak omdat de betreffende roos eigenschappen bezit van meer dan één groep. Daarom hebben wij de toepassing bij elke soort apart en uitgesplitst vermeld, en tevens aangegeven of de soort geschikt is voor een zonnige en/of (half) beschaduwde plaats. De symbolen in de kadertjes geven u in een oogopslag een beeld van de specifieke kenmerken van de betreffende soort c.q. het geslacht. De symbolen hebben de volgende betekenis:

Standplaats:	*Eigenschappen:*	*Toepassing:*
☼ Zonnig	❀ Eenmalig bloeiend	▦ Kuipplant
◑ Halfschaduw	❀❀ Vaker bloeiend	⚘ Stamroos
● Schaduw	☽ Geurend	✄ Vaas, decoratie
	❀ Geschikt voor haag	✗ Recept met rozen

Als snijbloem noemen wij alleen de rozen die een lang vaasleven beloven.

Voor de recepten met rozen zijn met name de sterkgeurende soorten geschikt.

Oude rozen: een geschiedenis

De intocht van oude rozen in onze tuinen is bijna niet meer bij te houden. Met hun weelderige, gevulde bloemen, zachte kleurtinten en krachtige geuren laten ze de charme van historische rozentuinen herleven. Helaas denkt men nog vaak dat alle romantische, oude rozen 'hetzelfde' zijn. Welnu: de echte oude rozen zijn soorten van vóór 1867, dus van voor de officiële entree van de eerste theehybride. In dit lexicon zijn we echter niet zo streng, wij rekenen ook de soorten die begin 20e eeuw zijn ontstaan erbij – in zoverre die de karakteristieke eigenschappen van oude rozen bezitten. De meeste oude rozen groeien struikachtig met elegant overhangende takken. De zware bloeiwijze versterkt deze gebogen vorm nog; volgezogen met regenwater verliezen de struiken hun evenwicht weleens bijna. Door hun uitbundige groeiwijze hebben ze veel ruimte nodig.

De eerste gevulde exemplaren van *Rosa gallica* werden door benedictijnermonniken naar Europa gebracht. Door de kruistochten verschenen de eerste damascenerrozen en dankzij de scheepvaartroutes maakten we kennis met nog meer rozen, zoals de *Rosa alba*. De rozencultuur onderging niet in de laatste plaats door keizerin Joséphine – gemalin van Napoleon I – een enorme opleving. Haar rozentuinen in Malmaison – en de rozenschilderijen van hofschilder Redouté – getuigen daar ook nu nog van. Nieuwe rozenklassen als bourbonrozen en remontantrozen zijn in die tijd ontstaan. Op de volgende bladzijden nemen we u mee op reis door deze boeiende geschiedenis van de roos.

Rosa 'Baron Girod de l'Ain'
Remontantroos

HERKOMST: *Rosa* x *damascena var. semperflorens* (Syn. *R.* x *bifera*), afstammeling van de karmozijnrode 'Eugène Fürst', in 1897 in Frankrijk ontdekt door Reverchon.

GROEI: breed struikvormig, dicht vertakt, gemiddelde groei, 1,20 m hoog en 90 cm breed.

BLOEI: de gevulde bladeren zijn glanzend karmozijn. Ze bloeien komvormig open en maken daarbij door hun gewelfde en iets witgerande bloemblaadjes een ongeordende indruk. Sterk geurend.

BIJZONDERE EIGENSCHAPPEN: een van de vroege, vaker bloeiende soorten, met duidelijke invloed van de bourbonrozen. Vanwege de rode bloemen was hij ten tijde van zijn ontdekking bijzonder geliefd. Nog altijd niets aan charme ingeboet.

GEBRUIK: een decoratieve struik voor elke tuin, die op een optimale plaats lang nabloeit. Daarbij hoort wel voedselrijke bodem. Wordt de plant te uitbundig, dan mag hij rigoureus worden verjongd.

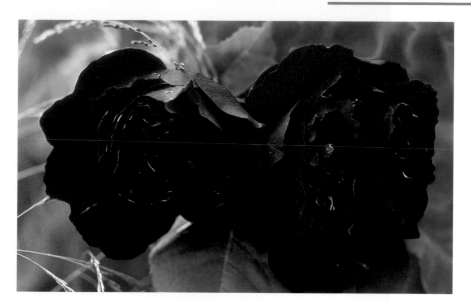

BAANBREKENDE REMONTANTROOS

Bijna alle belangrijke rozengroepen zijn betrokken geweest bij de ontwikkeling van de remontantroos. Daarbij was steeds een bourbonroos als voorouderdeel aanwezig. De 'Hybrid Perpetuals', zoals ze in Engeland worden genoemd, vormen daarbij een vloeiende overgang van de eenmalig bloeiende voorouders naar de bijna doorbloeiende moderne soorten. Navenant is de groeivorm. Terwijl veel remontantrozen bijna te weelderig groeiende struiken met boogvormig gewelfde takken maken, lijken andere meer op de compacte theehybriden. Hun grote, sterkgevulde bloemen en betoverende geur hebben ze in elk geval behouden.

Rosa 'Blanche Moreau'
Mosroos

HERKOMST: *Rosa centifolia muscosa*, kruising van de mosroos 'Comtesse de Murinais' en de damascenerroos 'Quatre Saisons Blanc Mousseux'. Kweker Moreau-Robert, Frankrijk 1880.

GROEI: smal en rechtop, 1,80 m hoog en 90 cm breed.

BLOEI: de gevulde bloemen in lichtend, puur wit hebben een krachtige, aangename geur. Ze ontvouwen zich schotelvormig; als ze volledig open zijn, zijn ze verdeeld in vier symmetrische vlakjes. Ze bloeien eenmaal, in de zomer. Op een nabloei hoeft u nauwelijks te rekenen. Opvallend is het purperen, bijna zwarte, borstelige mos.

BIJZONDERE EIGENSCHAPPEN: de witte bloei is nauwelijks te overtreffen, maar helaas is de plant bevattelijk voor meeldauw en zijn de bloemen gevoelig voor regen.

GEBRUIK: als struikroos alleen of in groepen groeit deze roos ook op voedselarme grond. Vanwege zijn hoogte kan hij ook als klimroos worden beschouwd en dus tegen een hekwerk groeien. Tevens een goede kuipplant.

ROMANTISCHE MOSROZEN

Mosrozen zijn als toevallige afstammelingen van de centifoliaroos eind 17e eeuw ontstaan en daarna verder gekruist en gecultiveerd. Veel soorten ontstonden tussen 1850 en 1870 onder invloed van de Chinarozen. De charme van oude rozen heeft zich op deze manier doorgezet in de bekoorlijkheid van de mosrozen. In principe zijn uiterlijk van bloem en loof gelijk aan die van de centifolia- en mosroos, maar bij de laatste zijn de bloemstelen, vruchtaanzetten en kelkbladeren bedekt met een enigszins mosachtig laagje. Afhankelijk van de soort is het mos stijf en borstelachtig of soepel en klierachtig. Als u erover heen wrijft, komt er een balsemachtige geur vrij. Mosrozen groeien meer opgaand dan centifoliarozen; ze bloeien rijk en geuren sterk. De meeste zijn zeer winterhard.

Rosa 'Charles de Mills'
Gallicaroos

Standplaats:

Eigenschappen:

Toepassing:

HERKOMST: *Rosa gallica*; de herkomst is niet bekend.

GROEI: struikvormig, overhangende takken, sterk groeiend, 1,20 m hoog en breed.

BLOEI: de grote, gevulde bloemen vertonen een ongewoon kleurenverloop van donkerrood naar purper. Ze openen zich schotelvormig en hebben in het midden vaak een donkergroen hart. De buitenste bloemblaadjes vormen daaromheen een gesloten bloemrand. De bloemen zitten in trossen en verschijnen enkele weken lang. Boven het donkergroene blad wordt het rood nog intensiever.

BIJZONDERE EIGENSCHAPPEN: deze oude gallicaroos overtuigt met zijn krachtige geur. De schotelvormige bloemen verschijnen meestal maar eenmaal per jaar.

GEBRUIK: decoratieve struikroos die zijn de schitterende bloemenpracht accenten geeft aan uw tuin; ook voor hagen een goede keus. Hoewel hij voedselarme grond tolereert, wordt u met een betere standplaats beloond met een weelderiger bloemenpracht.

INVLOEDRIJKE GALLICAROZEN

Er is nauwelijks een groep rozen te noemen die een grotere invloed heeft gehad op de ontwikkeling van de moderne roos dan de gallicarozen – overigens de oudste tuinrozen. Hun oervorm, de azijnroos, is inheems in Centraal-Europa. Deze rozen bloeien meestal maar eenmaal, in de zomer, maar dan wel overvloedig. De wonderschone, geurende bloemen neigen naar krachtige kleurstellingen, en zijn vaak gestreept of gespikkeld of anderszins getekend. De struiken zijn zeer robuust en goed winterhard, en groeien zelfs op voedselarme grond. Ze groeien compact met elegant overhangende takken en worden zelden hoger dan 1,20 m, waarmee ze ideaal zijn voor kleinere tuinen. De wortelechte soorten maken talrijke uitlopers; wie dat niet wil kiest de veredelde soorten.

Rosa 'Comte de Chambord'
Portlandroos

Standplaats:

Eigenschappen:

Toepassing:

HERKOMST: *Rosa* x *damascena*; gekweekt door Moreau-Robert, Frankrijk 1863.

GROEI: klein, compact, 90 cm hoog en 60 cm breed.

BLOEI: grote, gevulde bloemen van een krachtige roos, die daarbij ook nog sterk geurt. De bloemen zijn gekwartierd (in vier gelijke vlakken verdeeld) en vaak schotelvormig; het grijsgroene blad accentueert hun kleur.

BIJZONDERE EIGENSCHAPPEN: een vaker bloeiende rozenstruik – bijna zonder pauze – voor de kleinere tuin.

GEBRUIK: een kleine roos die u uitstekend in groepen kunt planten, bijvoorbeeld in een bed, aan de rand van borders of in de vorm van lage haagjes. Deze roos bloeit ook nog op zandige, voedselarme grond. In een kuip staat hij goed op balkon of terras. Bovendien kunt u er bloemen voor de vaas van snijden.

GELIJKENDE SOORTEN: de 'Jacques Cartier' overtuigt met zijn dieproze bloemen en sterke geur.

COMPACTE PORTLANDROZEN

Portlandrozen ontstonden eind 18e eeuw in Italië. Omdat ze tot aan de herfst rijkelijk na-bloeien en daarbij een prettige, zoete geur verspreiden, is dit ras zeer geliefd. De naam komt van de hertogin van Portland, die deze roos naar Engeland bracht. Portlandrozen worden ook wel bij de damascenerrozen ingedeeld, omdat ze een dominerende invloed op de soor-tenontwikkeling van de laatste hebben gehad. Maar doordat in de loop der tijd ook talrijke andere rozengroepen, zoals gallicarozen, door hen zijn beïnvloed, worden Portlandrozen door veel botanici aangemerkt als een zelfstandige groep. Deze roos wordt niet zo groot en is geschikt voor een kleine tuin en kuip of pot.

Rosa 'Fantin-Latour'
Centifolia

HERKOMST: *Rosa* x *centifolia*. Voorouders onbekend.

GROEI: struikvormig, gelijkmatig vertakt, tot 1,50 m hoog, circa 1,20 m breed. De takken hebben nauwelijks doorns.

BLOEI: de zachtroze bloemen met donker hart zijn gevuld, de bloemblaadjes kringelen en rollen zich decoratief terug. Ze vormen een mooi contrast met het gladde, donkergroene blad. Deze aangenaam geurende soort is eenmalig bloeiend.

BIJZONDERE EIGENSCHAPPEN: de typische centifoliabloemen zijn omgeven door een delicate maar krachtige geur die aan albarozen doet denken. Het blad en de groeivorm verraden invloed van Chinarozen.

GEBRUIK: als solitair een blikvanger, maar ook geschikt als haagplant en als omzoming langs een perk met andere struiken. Tolereert zandige, voedselarme grond.

GELIJKENDE SOORTEN: de 'Reine de Centfeuilles' heeft grote, puur roze bloemtrossen en een bescheiden geur.

DE GEHEIMZINNIGE CENTIFOLIA

De centifoliaroos – centifolia betekent 'met honderd blaadjes' – is met zijn weelderige, heerlijk geurende bloemenpracht een aparte bloem. Vroeger werd hij als echte aparte soort beschouwd, maar genetisch onderzoek wees uit dat hij kenmerken vertoonde van nog meer soorten. Tot zijn voorouders behoren onder andere *Rosa gallica, R. damascena* en *R. moschata.* De talrijke soorten zijn te danken aan de ijver van de Nederlanders, die zich al in de 16e eeuw intensief met het oculeren bezighielden. De groei van de centifoliaroos is wat stijf en ongecontroleerd, maar laat zich met stut aardig vormen. Hij is winterhard, maar bevattelijk voor meeldauw; daarom is een roosvriendelijke standplaats het best.

Rosa 'Great Maiden's Blush'
Albaroos

Standplaats:

☼ – ☼

Eigenschappen:

Toepassing:

✗

HERKOMST: *Rosa* x *alba*. Sinds de 15e eeuw bekend, stamt vermoedelijk af van *Rosa canina*.

GROEI: struikvormig, sterk groeiend, overhangende takken, 1,80 m hoog en 1,50 m breed.

BLOEI: de rozetvormige, witte bloemen met hun zachtroze *touch* en fijne geur verschijnen in de zomer. Samen met het blauwgroene blad vormen ze een perfect harmonieus geheel. Geen nabloei.

BIJZONDERE EIGENSCHAPPEN: de roos is ook bekend onder de namen 'Cuisse de Nymphe', 'Incarnata', 'La Virginale' en 'La Séduisante'.

GEBRUIK: de struik is zowel individueel als in een groep erg mooi. Geschikt voor hagen, en omdat hij ook halfschaduw verdraagt, kan hij langs de rand van een bos staan. De robuuste groei verdraagt minder voedselrijke grond.

GELIJKENDE SOORTEN: de 'Small Maiden's Blush' is met 1,20 m kleiner, maar verder nagenoeg identiek.

VITALE ALBAROZEN

Met hun heerlijk geurende bloeiwijzen in zachte tinten wit en roze behoren de albarozen zonder twijfel tot de mooiste historische rozen. De hoofdbloeitijd ligt tussen juni en juli. Omdat het grijsgroene blad net zo terughoudend is in kleurenuiting als de bloemen, harmoniëren de struiken, die weinig verzorging nodig hebben, uitstekend met andere (sier)struiken. Dikwijls groeien ze bossig en met elegant gebogen takken. Een aantal soorten maakt zeer lange takken en kan ook als klimroos worden opgevoed. Albarozen kenmerken zich door hun goede gezondheid en winterhardheid en hun vermogen ook in de halfschaduw te gedijen. Snoei is over het algemeen niet bevorderlijk.

Rosa 'Ispahan'
Damascenerroos

HERKOMST: *Rosa* x *damascena*. De ook als 'Pompon des Princes' bekende soort komt uit het Midden-Oosten. Deze roos werd al voor 1832 gecultiveerd.

GROEI: struikvormig, 1,20-1,50 m hoog en tot 1 m breed. De takken hebben weinig doorns.

BLOEI: de gevulde, sterkgeurende bloemen zijn frisroze. Als ze zich openen, rollen de bloemblaadjes zich aan de rand soepel iets terug. De bloemen verschijnen vroeg in de zomer maar behouden hun kleur en uiteindelijke vorm tot het moment dat ze verwelken. De bloeitijd is lang, zonder nabloei.

BIJZONDERE EIGENSCHAPPEN: een aparte damascenerroos met vroeg beginnende en zeer lange bloeitijd.

GEBRUIK: de robuuste struik groeit ook op voedselarme grond. De roos kan solitair worden geplant of in groepen, bijvoorbeeld als een haag. Omdat hij niet zo groot wordt, kunt u hem ook goed in een kuip planten. Boeketten op de vaas blijven lang houdbaar.

Elegante damascenerrozen

Deze prachtige rozen waren al bekend en geliefd bij de oude Perzen en rond 1000 v.Chr. al op het Griekse eiland Samos. Met de kruisvaarders kwamen ze via het Oosten naar Europa. Hun fluweelzachte bloemen zijn altijd gevuld en het kleurenspectrum loopt van zuiver wit tot krachtig purper. Ze groeien in grote trossen, waarbij ze een sterke geur verspreiden. Hun grijsachtig groene, donzig behaarde blad is eveneens zeer de moeite waard. Er zijn twee vormen: de zomerbloeiende damascenerrozen, en de herfstdamascenerrozen met twee bloeiperioden: zomer en herfst. De roos werkte mee aan de totstandkoming van de vaker bloeiende soorten; bij beide soorten was *Rosa gallica* de bepalende voorvader.

Rosa 'Louise Odier'
Bourbonroos

HERKOMST: *Rosa* x *borboniana*. Kweker: Margottin, 1851.

GROEI: struikvormig, sterk groeiend, overhangende takken, 1,50 m hoog en 1,20 m breed.

BLOEI: de perfect gevormde, camelia-achtige, gevulde bloemen zijn warmroze. Ze bloeien in grote trossen boven felgroen blad en geven een voortreffelijke geur af. De roos bloeit nagenoeg continue, ook na de hoofdbloei.

BIJZONDERE EIGENSCHAPPEN: de robuuste, onderhoudsvriendelijke geurroos is ideaal voor tuinliefhebbers die pas beginnen met rozen.

GEBRUIK: deze halfschaduw verdragende soort slaat zowel als struik alleen als in groepen een goed figuur, zelfs als haag. Als kuipplant vormt hij een sierlijke toevoeging aan terras en balkon. Deze prachtige bourbonrozen staan lang op de vaas en zijn geschikt voor rozenrecepten.

GELIJKENDE SOORTEN: de 'Boule de Neige' biedt sterkgeurende, cameliavormige bloemen in puur wit. De plant blijft wat kleiner dan de 'Louise Odier'.

Veelzijdige bourbonrozen

Kort na hun verschijning staken de nieuwkomers de tot dat moment geliefde Portlandrozen naar de kroon. Ze zijn als toevalstreffer ontstaan uit de Chinaroos 'Old Blush' en de damascenerroos 'Quatre Saisons' op het eiland Réunion. Het eiland heette toen nog Ile de Bourbon en verschafte de nieuwe roos – die ook als 'Rose Edouard' of 'Rose Edward' bekend is – zijn naam. Spoedig kwamen er ook zaden van naar Frankrijk, waar de roos gericht verder werd gecultiveerd. Het resultaat is een breed assortiment van meestal doorbloeiende, robuuste struik- of klimrozen die de invloed van hun voorouders op de bloemvorm niet kunnen verloochenen: een deel lijkt op Chinarozen, een ander deel op damascenerrozen.

Rosa 'Maxima'
Albaroos

HERKOMST: *Rosa* x *alba*. Vermoedelijk een kruising van de wilde roos *Rosa canina* x *Rosa gallica*, die al in de 15e eeuw bekend was. Ook bekend onder de naam Jacobietenroos.

GROEI: struikvormig, dicht, 1,80 m hoog, 1,20 m breed.

BLOEI: de sterkgevulde, geurende bloemen zijn over het algemeen zuiver wit, maar soms met een vleugje zachtroze. De trossen bestaan uit zes tot acht bloemen die sterk uitkomen tegen het grijsgroen van het blad. De bloeitijd begint vroeg in juni en duurt een aantal weken. Geen nabloei.

VRUCHTEN: in de herfst verschijnen vaak decoratieve, ovale bottels.

BIJZONDERE EIGENSCHAPPEN: een van de oudste witte rozen, met vele namen. Hij is bekend als 'Jakobitenrose' oftewel 'Jacobite Rose', 'White Rose of York', 'Great Double White' of 'Cheshire Rose'. Als 'Bonnie Prince Charlie's Rose' siert deze roos het wapen van de Stuarts. De naam 'Maxima' was ter ere van de Beierse koning Maximiliaan II.

GEBRUIK: deze indrukwekkende struik heeft veel plaats nodig om zich volledig te kunnen ontwikkelen. Komt goed uit tegen een muur of op de achtergrond in een border met wat planten ervoor. Hij is bovendien geschikt voor een haag of een plaatsje aan de bosrand, hij is stevig en vorstbestendig en gedijt ook op zandige, voedselarme grond.

EEN BLIK IN HET VERLEDEN

De 'Maxima' was in vroeger tijden niet weg te denken uit de landelijke tuinen. Als typische 'boerentuinroos' had hij een aparte charme. De witte bloemen werden dikwijls verwerkt in gevlochten kransen waarmee jonge vrouwen zich tooiden voor feestelijke gebeurtenissen.

Rosa 'Mme Hardy'
Damascenerroos

Standplaats:

Eigenschappen:

Toepassing:

HERKOMST: *Rosa* x *damascena*. Kweker Hardy 1832.

GROEI: struikvormig, opgaande groei, gelijkmatig vertakt, sterk groeiend, 1,50 m hoog en breed.

BLOEI: wanneer ze zich komvormig openen, laten de puur witte, gevulde bloemen in het hart een groen oog zien. De bloemen zijn talrijk, verspreiden een heerlijke geur met een vleugje citroen en steken duidelijk af tegen de felgroene bladeren. De roos bloeit eenmalig in de zomer, zonder nabloei.

BIJZONDERE EIGENSCHAPPEN: de prachtige witte roos verleent een tuin onmiddellijk een zekere charme.

GEBRUIK: verdraagt – als solitaire struik of in groepen geplant – zowel halfschaduw als een voedselarme bodem.

GELIJKENDE SOORTEN: de betoverende 'Botzaris', met zijn helderwitte, gevulde bloemen die een groen oog tonen. De plant wordt 1,20 m hoog en 90 cm breed.

Rosa 'Mme Legras de St. Germain'
Albaroos

HERKOMST: *Rosa* x *alba*. Afstamming onbekend, sinds begin 19e eeuw in cultuur.

GROEI: struikvormig tot klimmend, sterk groeiend, 2 m of hoger, 1,80 m breed. Takken hebben weinig doorns.

BLOEI: de sterkgevulde bloemen zijn crèmewit en geuren sterk. Ze hangen in grote trossen en zijn goed bestand tegen regen. De grijsgroene bladeren vormen de perfecte match met de bloemkleur. Eenmalig bloeiend.

BIJZONDERE EIGENSCHAPPEN: de witte bloemen lichten donkerdere hoeken in een tuin op.

GEBRUIK: bossige struik, ook geschikt als klimroos, gedijt op plekken in de halfschaduw, bijvoorbeeld langs bosranden en op zandige, voedselarme grond. Maakt mooie omkaderingen bij vijvers en bij andere planten. Een prima snijroos.

GELIJKENDE SOORTEN: de 'Mme Plantier' heeft crèmewitte, pomponvormige bloemen en groeit als struik- of klimroos.

Standplaats:

Eigenschappen:

Toepassing:

Rosa 'Muscosa'
Mosroos

Standplaats:
☀

Eigenschappen:
🌸 ✿

Toepassing:
🗑 ✂ ✕

HERKOMST: *Rosa x centifolia* 'Muscosa', Syn. *Rosa centifolia muscosa*. Sedert 1796 in Nederland gecultiveerd.

GROEI: struikvormig, sterk groeiend, gebogen takken, tot 1,80 m hoog en 1,50 m breed.

BLOEI: de sterk gevulde, rozige bloemen verspreiden een milde centifoliageur. De bloemen verschijnen enkele weken in de zomer; daarna bloeit de roos niet meer.

BIJZONDERE EIGENSCHAPPEN: de bemoste vorm van de centifolia is de klassieker onder de mosrozen. De mosroos belichaamde eeuwenlang de typische boerentuinroos. Het 'mos' heeft betrekking op de met kliertjes beklede stelen, vruchtaanzetten en kelkbladeren, waardoor het lijkt alsof er mos op de roos groeit.

GEBRUIK: solitair of in groepen een blikvanger, maar ook in kuip of pot het aanzien meer dan waard. De bloemen zijn geschikt voor op de vaas en voor verwerking in rozenrecepten. Een roosvriendelijke plaats is belangrijk omdat hij bevattelijk is voor meeldauw.

Rosa 'Nuits de Young'
Mosroos

Herkomst: *Rosa centifolia muscosa*. Kweker Laffay, 1845. Ook bekend als 'Old Black'.

Groei: struikvormig, smalle en opgaande groei, compact, 1,20 m hoog en 90 cm breed.

Bloei: aan het fluwelen, donkere purperroodbruin van de kleine, gevulde bloemen loop je niet zomaar voorbij. De gele meeldraden vormen hierbij een mooi contrast met deze donkerte, die op zijn beurt prachtig afsteekt tegen het kleine, donkergroene blad. De roos geurt aangenaam, is weinig bemost en heeft geen nabloei.

Standplaats:
☼

Eigenschappen:
✿ ✎

Toepassing:
🏺 ✕

Bijzondere eigenschappen: deze mosroos met heel donkere bloemen is met zijn compacte vorm een goede keus voor een bescheiden tuin.

Gebruik: in groepen is deze roos zowel geschikt voor perken als voor hagen. Ook in kuipen voelt hij zich thuis. Zorgvuldig uitlichten en gericht mest geven worden beloond met een weelderige bloei.

Rosa 'Officinalis'
Apothekersroos

Standplaats:

Eigenschappen:

Toepassing:

HERKOMST: *Rosa gallica*. Deze afstammeling van de Zuid-Europese *Rosa rubra* blijkt volgens aantekeningen al vanaf 1310 in cultuur te zijn – en is over de gehele wereld bekend.

GROEI: struikvormig, bossig, opgaande groei, gebogen takken, 1-1,50 m hoog en circa 1 m breed.

BLOEI: de rozerode, halfgevulde bloemen verspreiden een krachtige geur en verschijnen in de zomer in overvloed; de roos heeft geen nabloei.

VRUCHTEN: oranjerode, kogelronde tot eivormige bottels.

BIJZONDERE EIGENSCHAPPEN: de uit de bloemblaadjes gewonnen etherische rozenolie wordt al honderden jaren gebruikt in de (natuur)geneeskunde en in cosmetische producten.

GEBRUIK: deze roos, die ook de schaduw verdraagt, laat zich als solitair of in groepen planten, past in natuurlijke, losse hagen en doet het ook goed als kuipplant. Verkrijgbaar als hoogstamroos.

WAARDEVOLLE ROZENOLIE

Echte rozenolie is buitengewoon kostbaar: voor één druppeltje zijn circa dertig bloemen nodig. Met name aan de rode bloemblaadjes schrijft men een sterke, stimulerende en ontste-
kingsremmende invloed toe. Etherische rozenolie wordt voornamelijk voor uitwendige za-
ken gebruikt, bijvoorbeeld als ingrediënt van crèmes, massageolie en badproducten. Als
aromatische olie in aromalampjes werkt de geur ontspannend en positief op het humeur. Bij
allergiegevoelige mensen kan de olie in sommige gevallen een allergische reactie uitlokken.
Let u er in elk geval op dat u echte rozenolie koopt en geen synthetische olie – ook al is
die goedkoper en ruikt die precies zo – want die bevat geen helende kracht.

Rosa 'Old Blush China'
Chinaroos

Standplaats:

Eigenschappen:

Toepassing:

HERKOMST: *Rosa chinensis*, vroeger *Rosa indica*. Door Engelsman Parson in 1789 in Europa geïntroduceerd.

GROEI: opgaande groei, bossig, 1,20 m hoog en 90 cm breed, als klimroos wordt hij wel 2,50 m hoog. De fijne, losse takken bevatten nagenoeg geen doorns.

BLOEI: de gevulde bloemen, glanzend als zijde, hebben een bijzondere kleur: zilverachtig roze, en verspreiden een sterke geur. Ze verschijnen in dichte trosjes tot in de winter, soms tot de kerst.

BIJZONDERE EIGENSCHAPPEN: van de oude Chinarozen is deze doorbloeiende roos een goede keus voor uw tuin. Vanwege de regelmaat waarmee hij groeit, wordt hij ook wel 'Monatsrose' of 'Monthly Rose' genoemd. Of kortweg 'Old Blush' of 'Parson's Pink' genoemd.

GEBRUIK: als struik of bescheiden klimroos past deze onderhoudsvriendelijke roos in elke tuin, ook omdat hij plaatsen in de halfschaduw verdraagt en voedselarme grond. Ten slotte groeit de roos ook goed in ruime kuip of pot.

Rijkbloeiende Chinarozen

Deze rozengroep is al sinds eeuwen in China en India verbreid en kwam eind 18e eeuw naar Europa. Chinarozen onderscheiden zich hierin dat ze meer dan één keer per seizoen bloeien: met min of meer regelmatige tussenpozen, maar sommige soorten zelfs zonder pauze. 'Old Blush' vormt de voorouder van vele nieuwe soorten en heeft gelukkig zijn goede eigenschap veel te bloeien overgedragen op zijn nazaten. Het is de veredelaars bovendien gelukt om de bloeiwijzen met compleet nieuwe kleuren, vormen en geuren te combineren. Chinarozen zijn veelzijdig in gebruik: ze zijn niet alleen als solitaire struik erg mooi maar ook in groepen. Tevens verkrijgbaar als kuipplant.

Rosa 'Pompon de Bourgogne'
Centifoliaroos

Standplaats:

Eigenschappen:

Toepassing:

HERKOMST: *Rosa* x *centifolia*. Afstamming onduidelijk, vermoedelijk in 1830 in Dijon ontdekt. Aangetoond is dat de roos in elk geval al voor 1664 werd gecultiveerd. Ook bekend als 'Burgundy Rose' of 'Parvifolia'.

GROEI: opgaande groei, klein, 60 cm hoog en breed. Delicate takken.

BLOEI: de pomponvormige bloemen zijn bordeauxrood tot purper gekleurd en vaak bespikkeld met roze vlekjes. Het dichte, groene loof flatteert dit kleurenpalet in hoge mate. De geur is zeer aangenaam. Eenmalig bloeiend.

BIJZONDERE EIGENSCHAPPEN: een miniatuurstruik voor liefhebbers van bijzondere bloemvormen en -kleuren. Vanwege zijn compacte groei de ideale keus voor balkonbezitters. De kleine bossige plant voelt zich ook thuis in kuip, pot, trog of balkonbak. Aantrekkelijke roos als lage randversiering van bedden, borders of paadjes.

ROZENBLAADJESGELEI UIT GROOTMOEDERS TIJD

Leg 225 gram bloemblaadjes van uw (onbespoten) lievelingsroos in een pan – snijd de aan-hechtstukjes van de bloemblaadjes eraf, want die smaken bitter – en giet er 225 milliliter wa-ter over. Kook het geheel een halfuur op laag vuur. Zeef de blaadjes uit het water. Voeg 450 gram geleisuiker en het sap van een citroen toe aan het rozenwater. Kook het geheel al roe-rend tot de suiker is opgelost en de vloeistof voor een flink deel is ingekookt tot een siroop. Doe de blaadjes er weer bij en roer de gelei goed door. Giet de gelei direct in schone, glazen potjes.

Tip: verwerk uitsluitend geurende rozen in rozenrecepten, want alleen die geven het typi-sche rozenaroma af.

Rosa 'Queen of Denmark'
Albaroos

Standplaats:

Eigenschappen:

Toepassing:

HERKOMST: *Rosa x alba*. De 'Koningin van Denemarken', zoals deze soort hier ook wel heet, werd in 1816 door James Booth gekweekt en is sinds 1826 in de handel.

GROEI: struikvormig, 1,50 m hoog en 1,20 m breed. De takken hebben meer doorns dan gebruikelijk bij albarozen.

BLOEI: de donkerroze, gekwartierde rozetten zijn mooi gevormd en scheiden een heerlijke geur af. Het grijsgroene blad vormt daarmee een goed contrast. Eenmalig bloeiend.

BIJZONDERE EIGENSCHAPPEN: voor wie geen genoeg kan krijgen van rozengeur is deze bijzondere albaroos de juiste keuze.

GEBRUIK: een decoratieve solitair die het ook goed doet als haag. Hij groeit tevens op voedselarmere grond, maar bloeit dan zwakker. Omdat hij de halfschaduw verdraagt, kunt u hem naast struikgewas of andere heesters plaatsen. Geschikt voor in kuipen. Tevens een goede snijroos.

Rosa 'Robert le Diable'
Centifolia

HERKOMST: *Rosa* x *centifolia*. De soort werd al voor 1850 in Frankrijk gecultiveerd. De precieze afstamming is echter niet bekend.

GROEI: breed en bossig, soepele takken, compact, takken liggen voor een deel over de grond, 90 cm hoog en breed.

BLOEI: de gevulde bloemen met hun zoetige geur laten een zeer interessant kleurenspel zien, dat wisselt tussen karmozijnrood, lila en purper, met hier en daar een donkere zweem en soms opvallende spikkels. Meestal hebben ze duidelijk de vorm van een gekwartierd rozet. Ze groeien boven een dicht bladerdek en verschijnen in vergelijking met andere centifoliarozen laat. Geen nabloei.

BIJZONDERE EIGENSCHAPPEN: de soort is weliswaar robuust, maar ook bevattelijk voor meeldauw: een zonnige, luchtige standplaats is daarom het beste.

GEBRUIK: de decoratieve struik vormt een accent in uw tuin, als solitaire struik maar ook als kuipplant. Deze roos tolereert voedselarme grond.

Standplaats:
☼

Eigenschappen:

Toepassing:
🗑 ✗

Rosa 'Rose de Rescht'
Portlandroos

HERKOMST: *Rosa* x *damascena*. De roos komt uit het oude Perzië en arriveerde pas rond 1950 in Europa.

GROEI: struikvormig, opgaande groei, 80-100 cm hoog.

BLOEI: de grote, sterkgevulde bloemen vallen direct op. Ze zijn schitterend rood met purperkleurige schakeringen; de kleur wordt tijdens de bloei nog iets feller. De rozetten zijn zo gevuld dat ze er bijna als pompons uitzien. Na een geweldige hoofdbloeitijd bloeit de plant nog een keer na.

BIJZONDERE EIGENSCHAPPEN: de gezonde, niet-bevattelijke soort is ideaal voor pas beginnende tuiniers, want hij neemt wat foutjes bij de verzorging niet zo nauw.

GEBRUIK: met name geschikt als solitair of in groepen in een perk of border. Voegt zich ook in haag als het moet. Omdat deze roos niet zo groot wordt, groeit hij ook in kuip of pot. Hoogstammen van deze roos zijn bijzonder mooi. Snoei oudere exemplaren diep terug voor een verrassende nabloei.

Rosa 'Rose du Roi'
Portlandroos

HERKOMST: *Rosa* x *damascena*. Kweker: Lelieur, 1815. Vermoedelijk een kruising tussen de vaker bloeiende 'Portland Rose' en *Rosa gallica* 'Officinalis'. Ook bekend als 'Lee's Crimson Perpetual' of 'Rose Lelieur'.

GROEI: losjes en bossig, 90 cm hoog en breed.

BLOEI: de rode, gevulde bloemen zijn purperkleurig gespikkeld. Ze geuren zeer aangenaam. Nabloei in de herfst.

BIJZONDERE EIGENSCHAPPEN: deze oude soort had een grote invloed op de ontwikkeling van latere Portlandrozen. Op verzoek van Koning Lodewijk XVIII werd deze roos 'Rose du Roi' genoemd.

GEBRUIK: de kleine struik komt goed tot zijn recht in een groep. Ook geschikt voor lage, compacte hagen en voor in kuipen.

GELIJKENDE SOORTEN: de bloemen van 'Rose du Roi à Fleurs Pourpres' zijn roodviolet tot purper van kleur. Ze verschijnen onvermoeibaar en zonder pauzes.

Standplaats:
☼

Eigenschappen:
🌸🌸 ↻

Toepassing:
🗑 ✗

Rosa 'Souvenir de la Malmaison'
Bourbonroos

Standplaats:

Eigenschappen:

Toepassing:

HERKOMST: *Rosa* x *borboniana*. Gekweekt, Béluze 1843. Kruising tussen de bourbonroos 'Mme Desprez' en een onbekende theeroos. Deze roos is genoemd naar de beroemde rozentuin van de Franse keizerin Joséphine (echtgenote van Napoleon I) en is ook bekend onder de veelbetekenende naam 'Queen of Beauty and Fragrance'.

GROEI: struikvormig, breed groeiend, 80-100 cm hoog; als klimroos beduidend hoger.

BLOEI: de sterk gevulde, gekwartierde bloemen zijn perfect gevormd. Ze glanzen zijdeachtig, hun kleur is crèmewit met een vleugje roze, dat bij het ouder worden verbleekt. De bloemen verschijnen nagenoeg zonder stop de hele zomer door en verspreiden een zoete geur.

BIJZONDERE EIGENSCHAPPEN: voor een volle bloemenpracht moet het wel mooi weer zijn – pas dan garandeert deze oldtimer de hele zomer en herfst, tot aan de vorst, een geurende bloemenshow met een nostalgisch tintje. Bij regen openen de bloemen zich vaak niet; het blad is dan gevoelig voor meeldauw. Houd dit in gaten bij het bepalen van de standplaats.

GEBRUIK: als solitair of in een groep. Deze compacte struik doet het prima in perken en borders, maar is tevens een prachtige kuipplant en snijbloem.

GELIJKENDE SOORTEN: bij de 'Souvenir de la Malmaison Climbing' (of 'Climbing Souvenir de la Malmaison') gaat het om de klimmende variëteit van de struikroos, in 1893 door ene Mr. Bennett in Engeland gekweekt. Deze roos bloeit meestal alleen in juni, maar dan wel intensief. Uitsluitend in heel mooie zomers kunt u een nabloei verwachten. Zijn eis is een absoluut zonnige, tegen de regen beschutte standplaats. De klassieke rozenbogen of ijzeren frames waartegen de ranken kunnen groeien, dragen bij aan de nostalgische charme.

Rosa 'Tuscany'
Gallicaroos

Standplaats:

Eigenschappen:

Toepassing:

HERKOMST: *Rosa gallica*. De 'Old Velvet Rose', zoals hij ook wordt genoemd, werd vermoedelijk al ontdekt in 1597. Vervolgens werd hij voor 1850 in Europa gecultiveerd.

GROEI: krachtig, bossig, tot 1,20 m hoog en 90 cm breed. Diep geplant bloeit hij meer in de breedte.

BLOEI: de vlakke, halfgevulde bloemen zijn fluwelig donkerrood. Daarbij vormen de opvallende gele meeldraden een leuk contrast met de bloemblaadjes. De soort is eenmalig bloeiend en lichtgeurend.

BIJZONDERE EIGENSCHAPPEN: vanwege de fluwelige bloemen wordt hij ook wel fluweelroos genoemd.

GEBRUIK: de struikvormige wilde roos is geschikt als solitair of in groepen voor grotere vlakken. Omdat hij stevig wortelt, is hij ook geschikt voor hogere plaatsen waar takken naar beneden mogen hangen.

GELIJKENDE SOORTEN: de 'Tuscany Superb' lijkt erg op deze variëteit, maar de bloemen zijn groter, sterker geurend, en zijn van een donkerder karmozijnrood.

Rosa 'Viridiflora'
Chinaroos

HERKOMST: *Rosa chinensis*, vroeger *Rosa indica*. Sinds circa 1833 in cultuur, afstamming niet bekend. Tevens bekend onder de naam 'Green Rose'.

GROEI: bossig, opgaande groei, compact, 90 cm hoog en breed.

BLOEI: een heel uitzonderlijke roos, omdat het blad ontbreekt. Daarvoor in de plaats heeft de bloem talrijke, gefranjerde groene en bruine bracteeën (schutblaadjes) die op den duur purper tot bruin verkleuren. De bloemen verschijnen on-onderbroken in trosjes en geuren aangenaam kruidig.

BIJZONDERE EIGENSCHAPPEN: wie van excentriek houdt, kan deze wel heel aparte roos eens kiezen: vraagt tevens weinig verzorging en is nauwelijks bevattelijk voor ziekten.

GEBRUIK: deze doorbloeier voelt zich thuis in perken en borders, maar ook in kuipen. Hij gedijt ook in de half-schaduw en in zandige, voedselarme grond. Steelt in boe-ketten en bloemstukken absoluut de show.

Standplaats:
☼ – ☀

Eigenschappen:
❀❀ ↻

Toepassing:
🗑 ✂ ✗

PERKEN EN BORDERS WORDEN EEN BLOEMENZEE

Heesterrozen zijn de ideale keus voor perken, borders, grote vlakken en hagen. Met hun dichte bloemschermen brengen ze van de vroege zomer tot de late herfst kleur in de tuin: in groepen tonen ze al van een afstand een enorme kleurenpracht, terwijl ze solitair stralende accenten vormen. Door hun natuurlijke karakter zijn ze goed met andere planten te combineren. Er zijn twee groepen: polyantharozen en floribundarozen. Polyantharozen zijn door kruisingen van moderne rozen en de veelbloemige rozen (*Rosa multiflora*) ontstaan, nadat de Engelse plantenverzamelaar Robert Fortun ze in 1865 vanuit Japan naar Europa had ingevoerd. Ze hebben zeer grote bloembundels met relatief kleine individuele bloemen die enkel of gevuld kunnen zijn. De planten groeien bossig met gemiddeld lange takken. Door verdere kruisingen met theehybriden ontstonden in Denemarken circa vijftig jaar later de floribundarozen. Het doel was robuuste, vorstbestendige soorten te kweken die ook in korte zomers rijkelijk bloeien. De bloemen van floribundarozen lijken op die van de theehybriden, maar de geur ging verloren. De bloemtrossen zijn meestal kleiner dan die van de polyantharozen; de plant zelf wordt iets hoger. Bij de nieuwere soorten zijn de overgangen vloeiender: het onderscheid tussen een floribundaroos of een polyantharoos is vaak moeilijk vast te stellen. Gemeenschappelijke kenmerken: bloeit vaker dan een keer per jaar, compact, gezond blad, vitaal en onderhoudsvriendelijk, en de bloemen zijn weersbestendig.

Rosa 'Amber Queen'

HERKOMST: gekweekt, Harkness 1984.

GROEI: breed en bossig, laag, 40-60 cm hoog en breed.

BLOEI: floribundaroos met bolvormige bloemen, met een diep barnsteenachtige kleur; aan het eind van de bloei licht de kleur iets op. Ze groeien in dichte trossen en zijn uiterst regenbestendig, bovendien gevuld en aangenaam geurend. De roos is doorbloeiend, maar vertoont een duidelijke hoofdbloei.

BIJZONDERE EIGENSCHAPPEN: de robuuste roos heeft zeer gezond loof. De bladeren zijn aanvankelijk bronsgroen, later donkergroen, leerachtig en glanzend. De amberkleurige bloemen vormen daarbij een prachtig contrast. In Engeland was dit in 1984 de roos van het jaar.

GEBRUIK: vanwege de dichte komvormige bloemen met hun bijzondere kleur genereert deze variëteit een fantastische vlakwerking. U kunt de rozen het best in groepen van vijf tot zes stuks per vierkante meter zetten, maar hij is ook mooi als solitair. Als hoogstamroos verkrijgbaar en geschikt om die in een kuip te laten groeien. Tevens een prima snijroos.

Rosa 'Anne Harkness'

HERKOMST: gekweekt, Harkness 1980. De soort is ook als 'Harkaramel' bekend.

GROEI: zeer hoge, krachtig groeiende perkroos. Wordt tot 60 cm breed en 1,20 m hoog.

BLOEI: floribundaroos met grote, dichte bloemtrossen. De individuele rozen zijn abrikoosgeel, gevuld en hebben een diameter tot 8 cm. De hoofdbloei ligt in de late zomer en gaat door tot in de herfst.

BIJZONDERE EIGENSCHAPPEN: voor een perkroos krachtig opgaand groeiend. De middelgroene bladeren zijn bijzonder gezond en weinig vatbaar voor schimmelziekten.

GEBRUIK: snijbloem. Vanwege zijn bloemenpracht een opvallende verschijning voor op grotere vlakken.

GELIJKENDE SOORTEN: de abrikooskleurige 'Apricot Nectar' (kleine bloemtrossen, enkele bloemen als theehybriden, 90 cm) en 'Southhampton' (halfgevulde, geurende bloemen in dichte trossen, 1 m). De originele variëteit 'Oranges and Lemons' heeft oranje bloemen met gele strepen, 1 m.

Standplaats:
☼

Eigenschappen:
✿✿

Toepassing:
✄ ✗

Rosa 'Aprikola'

HERKOMST: gekweekt, Kordes 2000.

GROEI: breed en bossig, gelijkmatig vertakt, 80 cm hoog.

BLOEI: het krachtige abrikoosgeel wordt tijdens de bloei heldergeel tot roze. De middelgrote, gevulde bloemen bloeien vaak in schermen tegelijk, de knoppen zijn rond en oranjegeel. Vaker bloeiend met een fruitige, friszure geur.

BIJZONDERE EIGENSCHAPPEN: deze qua kleur interessante variëteit vertegenwoordigt een uitbreiding van het assortiment Rigo®-rozen van Kordes. Ze zijn op kracht, gezondheid en goede bloei geselecteerd en daardoor ongevoelig voor schimmelziekten. ADR-predikaat 2001.

GEBRUIK: voor perken en borders. Bij open beplanting drie tot vijf planten per vierkante meter, anders zes tot zeven. Geschikt voor kuip. Verkrijgbaar als hoogstamroos.

GELIJKENDE SOORTEN: Rigo®-rozen zijn er in verschillende kleurtinten. De 'Rotilia' bloeit karmozijnrood, de bloemen van de 'Bad Birnbach' en de 'Fortuna' zijn helderroze respectievelijk zacht zalmroze en de 'Diamant' bloeit wit.

Rosa 'Ballade'

HERKOMST: gekweekt, Tantau 1991.

GROEI: rijk vertakt met opgaande groei, 60-80 cm hoog.

BLOEI: de schitterende roze bloemen hebben een diameter van 8-10 cm. Ze zijn halfgevuld, ontvouwen zich komvormig, en als de roos is uitgebloeid is het midden geopend. Zijn kleur steekt mooi af tegen het glanzende groene blad. De floribundaroos is vaker bloeiend met een duidelijk afgebakende hoofdbloei.

BIJZONDERE EIGENSCHAPPEN: met zijn nostalgische bloemvorm spreidt deze soort onbetwist flair tentoon. Maar hij is niet alleen om zijn uiterlijk geliefd, ook om zijn kracht en overdadige bloei.

GEBRUIK: een perkroos van klassiek formaat, die snel lege vlakken – ook op de zonnigste plaatsen – aankleedt. Daarvoor moet u ze in groepen van vijf tot zes stuks tegelijk planten. Ook geschikt als solitair of voor in de kuip. Niet verkrijgbaar als hoogstamroos.

GELIJKENDE SOORTEN: de 'Bayerngold' is de pendant in geel; rijk bloeiend en robuust, circa 50 cm hoog.

Standplaats:
☼

Eigenschappen:
✿✿

Toepassing:
🪣 🌱

Rosa 'Bernstein Rose'

HERKOMST: gekweekt, Tantau 1987.

GROEI: bossig en compact, 60-80 cm.

BLOEI: de rozetvormige, sterkgevulde bloemen in het uitzonderlijke barnsteenachtige geel vormen een ware blikvanger. Ze hebben een frisse geur. Ook de donkergele knoppen met rode rand zijn fraai om te zien. De grote bloemen verschijnen rijkelijk: van de vroege zomer tot in de herfst.

BIJZONDERE EIGENSCHAPPEN: 'Bernstein Rose' behoort tot de moderne romantische rozen, die zich onderscheiden door hun gevulde, komvormige bloemen. Tegelijkertijd zijn ze zeer krachtig en immuun voor meel- en sterroetdauw.

GEBRUIK: deze soort siert elke tuin zowel als solitair als in een groep. Groeit ook goed op zeer zonnige plaatsen. De plantafstand die wij adviseren, is vijf tot zes stuks per vierkante meter. Als hoogstamroos of struik groeit hij ook goed in ruime kuipen.

GELIJKENDE SOORTEN: de 'Blue Parfum' heeft eveneens gevulde, sterkgeurende bloemen, maar nu in een zilverachtig violette kleurstelling.

TIJD VOOR ROMANTIEK

De Engelse rozen van kweker David Austin hebben grote, gevulde bloemen met een indringende geur. Tegenwoordig bieden ook vele andere Europese kwekers, zoals Schultheis, Tantau, Meilland en Harkness, soorten met een romantische charme aan. Assortimentsnamen als Romanticarozen, Old Masterrozen of Geurrozen uit de Provence geven een dwarsdoorsnede van de bekendste cultivars. Begeleiding van andere planten moeten groei- en bloeivormen van de rozen vervolmaken. Het luchtige uiterlijk van bijvoorbeeld de ooievaarsbek, vrouwenmantel, bruidssluier en lavendel harmonieert perfect met de weelderige groei van nostalgische rozen. Viooltjes, anjers of anjelieren onderstrepen hun romantische karakter.

Rosa 'Bonica 82'

HERKOMST: gekweekt, Meilland 1982.

GROEI: bossig, losjes vertakt, de buitenste takken hangen gebogen naar buiten toe. Gemiddeld sterk groeiend, circa 60 cm hoog.

BLOEI: de 6-8 cm grote, gevulde bloemen zijn felroze, later in de groei met een vleugje zalmroze. De bloemen zitten meestal op trossen van vijf tot tien lang mooi. De knoppen zijn rond in een krachtig roze. Vaker bloeiend ras met een dominante hoofdbloei.

VRUCHTEN: talrijke ronde, koraalrode bottels.

BIJZONDERE EIGENSCHAPPEN: deze soort met het Toproos (2003) en ADR-predikaat (1982) is uiterst robuust en vorstbestendig; de roos weerstaat de zonnigste plaatsen op het zuiden met dezelfde kracht als die in de halfschaduw en overleeft de koudste winters zonder vorstschade. Bovendien zeer goed bestand tegen regen.

GEBRUIK: alleen of in groepen voor perken of borders, prachtig in combinatie met struiken en planten. Rekent u op gemiddeld zeven tot acht planten per vierkante meter, bij opener beplanting vier tot vijf stuks. Geschikt voor ruime kuipen en voor op de vaas. Geliefd bij bijen en hommels.

Rosa 'Bordure Nacrée'

HERKOMST: gekweekt, Delbard 1973.

GROEI: bossig, laag, 40 cm hoog.

BLOEI: kleine, gevulde bloemen in een zacht abrikoos. Ze bloeien in trossen boven het glanzende blad. Uitbundige bloei.

BIJZONDERE EIGENSCHAPPEN: deze soort van de Franse rozenveredelaar Delbard werd op de onderstam van de wilde roos *Rosa canina* geënt. Daardoor is de roos zeer goed aangepast aan ons klimaat. Hij onderscheidt zich door zeer gezond blad.

Standplaats:
☼

Eigenschappen:
✽✽✽

Toepassing:
🗑

GEBRUIK: zoals de naam al doet vermoeden, gaat het hier om een roos voor perken en borders, maar gezien zijn grootte past hij ook goed in kleine tuinen.

GELIJKENDE SOORTEN: de 'Bordure Rose' is de roze bloeiende verwant. De 'Prince Igor' heeft ook Franse wortels (kweker Meilland): de soort bloeit eerst vuurrood en schakelt dan over op goudbrons. De 'Alison Wheatcroft' groeit abrikooskleurig en gevuld. Alle soorten worden 40-50 cm hoog.

Rosa 'Bright Smile'

Standplaats:

Eigenschappen:

Toepassing:

HERKOMST: gekweekt, Dickson 1980. Syn. 'DICdance'.

GROEI: laag en compact, 45 cm hoog en breed.

BLOEI: de halfgevulde bloemen stralen in heldergeel en verspreiden een heerlijke geur. De bloeitijd loopt van zomer tot in de herfst. De bloemen halen een diameter van circa 8 cm en bevinden zich in groepen. Ze steken duidelijk af tegen het heldere groen van het blad.

BIJZONDERE EIGENSCHAPPEN: de bloemen bezitten het klassieke theerozenkarakter.

GEBRUIK: deze compacte roos is vooral geschikt voor kleinere tuinen. Hij staat prima in kleine perken en borders; een combinatie met andere planten is minder mooi. Doet het uitstekend in kuipen, troggen of bakken.

ROZENTHEE

Overgiet 2 eetlepels verse of 1 eetlepel gedroogde, kleingesneden bloemblaadjes met een halve liter kokend water. Laat de thee 10 minuten trekken. Zoet hem naar wens met honing.

Rosa 'Easy Going'

HERKOMST: gekweekt, Harkness 1999.

GROEI: breeduit en bossig, 50-70 cm hoog.

BLOEI: floribundaroos met goudgele, halfgevulde bloemen die hun warme goudtonen tot aan het verwelken behouden. De in trossen groeiende bloemen verschijnen ononderbroken en harmoniëren prima met het glanzende groene blad. De slanke knoppen zijn ook zeer elegant.

Standplaats:
☼

Eigenschappen:
✿✿

Toepassing:
🪴

BIJZONDERE EIGENSCHAPPEN: het groen is ongevoelig voor schimmelziekten. Maar niet alleen om die eigenschap behaalde deze roos vele internationale onderscheidingen.

GEBRUIK: met zijn gemiddelde groeihoogte past deze roos zowel in kleinere tuinen als in kuipen of potten. Zorgt tevens prima voor vlakvulling.

GELIJKENDE SOORTEN: de 'Alison 2000' bloeit in juichend goudoranje, blijft met zijn 40-60 cm lager dan de 'Easy Going', maar geurt wel iets. Een nieuweling is de 'Cassetta', met abrikooskleurige, halfgevulde bloemen waarvan de stelen in een latere fase mooi gaan buigen; wordt 70-90 cm hoog. De 'Marie Curie' (40-60 cm hoog) bloeit kopergeel tot goudbruin.

Rosa 'Edelweiß'

Standplaats:
☼

Eigenschappen:
❀❀

HERKOMST: gekweekt, Poulsen 1969.

GROEI: bossig, laag, goed vertakt, 40-50 cm hoog.

BLOEI: uit de eivormige, gele knoppen ontwikkelen zich ronde, witte, gevulde bloemen met een geel hart. Ze groeien met meerdere in trossen. Een individuele roos heeft een diameter van 6-8 cm. De bloemen steken duidelijk af tegen het donkergroene, glanzende blad.

BIJZONDERE EIGENSCHAPPEN: als een van de mooiste witte heesterrozen kreeg 'Edelweiß' in 1970 het ADR-predikaat.

GEBRUIK: deze compacte heester maakt in groepen geplant een bijzondere indruk; zeven tot acht planten groeien per vierkante meter snel dicht. Deze witte roos is erg goed te combineren met een rode roos.

GELIJKENDE SOORTEN: kweker Noack biedt met 'Schneeflocke' een eveneens lage heesterroos met puur witte, gevulde bloemen. Zijn doorbloeier 'Brautzauber' wordt met 70-80 cm aanzienlijk hoger. 'Schneeküsschen' van Kordes blijft met 30 cm laag; de witte bloemen vertonen een vleugje zachtroze.

Rosa 'Erna Grootendorst'

HERKOMST: gekweekt, Grootendorst 1938.

GROEI: bossig, circa 50 cm hoog.

BLOEI: de bloedrode, halfgevulde bloemen groeien in grote trossen, hangend over glanzend groen blad. Ze verschijnen ononderbroken tot aan de herfst en verspreiden een bescheiden geur.

Standplaats:
☼

Eigenschappen:

BIJZONDERE EIGENSCHAPPEN: de soort is uiterst sterk, het blad is weinig bevattelijk voor ziekten.

GEBRUIK: deze oudere soort is nog altijd een blikvanger in elke kleine of grotere tuin. De beplantingsafstand tussen de struiken wordt geadviseerd op 30-50 cm.

GELIJKENDE SOORTEN: de 'Nina Weibull' is een klassieker. De soort bloeit eveneens donkerrood en behoudt zijn intense kleur tot aan het verwelken. De bloemen hebben de klassieke ronde vorm, uitgebloeid zijn het bijna schoteltjes. De roos wordt circa 50 cm hoog, is sterk, bloeilustig en goed winterhard. Een bijzonderheid is de 'Black Ice', met zwartrode, halfgevulde en lichtgeurende bloemen.

Rosa 'Escapade'

HERKOMST: gekweekt, Harkness 1967.

GROEI: rijk vertakt, krachtig groeiend, 60-80 cm hoog.

BLOEI: de komvormige, halfgevulde bloemen zijn paars- tot li-laroze met in het hart een wit oog. De gele meeldraden zijn duidelijk te zien. De bloemen zijn circa 8 cm in doorsnee, geuren en groeien in dichte trossen boven glanzend groen blad.

BIJZONDERE EIGENSCHAPPEN: deze robuuste en regenbesten-dige, tot aan de herfst rijkbloeiende roos behaalde in 1973 het ADR-predikaat. Daarbij komen nog talrijke andere onderschei-dingen.

VRUCHTEN: overvloedige bottelgroei.

GEBRUIK: in groepen voor perken en borders, ook voor lage hagen. Functioneert goed in een gemeenschap met andere plan-ten. Als beplantingsafstand wordt 40 cm geadviseerd, in groepen wordt zes tot zeven planten per vierkante meter aangehouden.

GELIJKENDE SOORTEN: de bloemen van de 'Inge Schubert' zijn roze tot rozerood met een wit hart en opvallende gele meel-draden. De roos begroeit snel grotere vlakken.

Rosa 'Flirt'

HERKOMST: gekweekt, Koopmann en Kordes, 2000

GROEI: breeduit en bossig, sterk vertakt, tot 60 cm hoog.

BLOEI: de middelgrote, halfgevulde bloemen tonen een opvallend violet en rood. Het hart is wit, de gele meeldraden zijn goed zichtbaar en de bloemblaadjes stuk voor stuk gekarteld. De losse bloemtrossen steken mooi af tegen het dichte, iets glanzende blad.

BIJZONDERE EIGENSCHAPPEN: de 'Flirt' is een spontaan ontstane afstammeling van de puur roze bloeiende soort 'Sommerwind', die zich als heester of bodembedekkende roos laat toepassen.

GEBRUIK: geschikt als solitair of in een groep; voor perken en borders. Goede bestuiver.

GELIJKENDE SOORTEN: de 'Neon', eveneens nieuw op de markt, bloeit karmozijnrood en heeft een opvallend hart. De bloemen zijn halfgevuld. Wordt 60 cm hoog en 80 cm breed. De 'Rhapsody in Blue' heeft interessante paarsviolette bloemen. Met een hoogte van 1,20 m is deze soort geschikt als heester- of struikroos.

Standplaats:
☼

Eigenschappen:
❀❀

DECORATIETIP
Leg in een schaal met drijfkaarsen wat rozenblaadjes – een eenvoudig maar prachtig effect.

Rosa 'Friesia'

Standplaats:

☼

Eigenschappen:

Toepassing:

HERKOMST: gekweekt, Kordes 1973.

GROEI: bossig, opgaande groei, sterk vertakt, 60-80 cm hoog.

BLOEI: goudgele, gevulde bloemen met een intense geur. De bloemen groeien zowel solitair aan het eind van de steel als in trossen. Omdat de bloemen klassiek rond gevormd zijn, zijn de knoppen druppelvormig en spits. De bloei begint vroeg in de zomer en gaat door tot in de herfst.

BIJZONDERE EIGENSCHAPPEN: de sterke, hittebestendige soort kenmerkt zich door uiterst regenbestendige bloemen, die zichzelf daarmee schoon houden en daardoor hun kleur zelfs tot aan het verwelken vast kunnen houden. De roos is een klassieker onder de heesterrozen. Hij verkreeg in 1973 het ADR- en in 2003 het Toproospredikaat.

GEBRUIK: de 'Friesia' doet het zowel individueel als in een groep goed. De gele bloemen, stralend en al van verre te zien, laten zich goed met andere planten combineren. Er passen vijf tot zes planten op een vierkante meter. De roos gedijt zelfs in de volle zon, zodat u in de zomer ook uitkomt met enige dagen niet gieten. Hij is geschikt als struik alleen en als hoogstam (met 90 cm hoogte) in een kuip.

Rozen in de plantenborder

In een gemengde plantenborder bestaande uit planten en heesters met afwisselende bloeiperioden, kunnen rozen een belangrijk deel uitmaken. De vaker bloeiende soorten zijn
daarvoor uitstekend geschikt, in combinatie met wat soorten die bloeien tot aan de herfst.
Gun de rozen een jaar voorsprong, zodat ze krachtig kunnen wortelen voordat ze con-
currentie krijgen van de andere groeiers. Houd er rekening mee dat u planten en gras-
soorten niet te dicht bij de rozen laat groeien. Een afstand van 30 cm is raadzaam, want
rozen hebben open grond nodig en een goede luchtcirculatie. Bovendien hebt u nog
ruimte nodig om ertussendoor te kunnen lopen en onkruid te wieden – loopstenen zijn
handig. Snoei uitgebloeide takken bijtijds weg.

Rosa 'Goldmarie 82'

Standplaats:

☼

Eigenschappen:

❀❀❀ ꜀

HERKOMST: gekweekt, Kordes 1984.

GROEI: strak opgaande groei, gemiddeld snel groeiend, 40-70 cm hoog.

BLOEI: de goudgele, gevulde bloemen met een diameter van 8 cm zitten in losse trossen. Het glanzende donkergroene blad zorgt voor een sterk contrast. De gewelfde bloemblaadjes maken de bloem tot een bijzondere plant. De roos verspreidt een zachte geur.

BIJZONDERE EIGENSCHAPPEN: de bloemen vertonen een lieflijk kleurenspel. Als de bloei bijna tot wasdom is gekomen, zijn de bloemen goudgeel, met een roodachtig waas. In volle bloei nemen ze een koperkleur aan, die bij het verbloeien dieper wordt. Ze zijn regenbestendig en blijven lang mooi.

GEBRUIK: het opvallende kleurenspel komt vooral goed tot uiting als u de roos in groepen plant.

GELIJKENDE SOORTEN: de goudgele bloemen van de 'Goldina' lijken op die van theehybriden. De soort wordt 40-60 cm hoog en is geschikt voor perken. Tevens goed voor op de vaas.

Rosa 'Gruß an Aachen'

HERKOMST: gekweekt, Geduldig 1909.

GROEI: bossig, compact, 40-60 cm hoog.

> **TIP**
> **Gedroogde bloemblaadjes ver-
> lenen romantisch briefverkeer
> een treffend sfeerelement.
> U plakt wat blaadjes, eventu-
> eel voorzien van een druppel-
> tje echte rozenolie, op het pa-
> pier en... posten die brief!**

BLOEI: de lichtgeurende, rozetvormige, sterkgevulde bloemen zijn in het begin zachtroze, later crèmewit met een
geelachtig roze hart. De binnenste bloemblaadjes zijn ge-
kruld. De diameter van een
roos is 6-8 cm.

Standplaats:
☼

Eigenschappen:
❀❀ ∽

Toepassing:
🗑 ✄ ✕

BIJZONDERE EIGENSCHAPPEN: een voortreffelijke perkroos met nostalgische elegantie. Vaker bloeiend met een
duidelijke hoofdbloei in de zomer.

GEBRUIK: een compacte soort, ook voor de kleinste
perken en borders. Op een vierkante meter passen, afhankelijk van de gewenste dichtheid, zes tot acht planten. Hij bloeit graag in kuip of pot op het terras – bovendien kunt u dan extra genieten van de geur.
De bloemen zijn geschikt voor op de vaas, de bloemblaadjes voor het bereiden van likeuren en jams.

Rosa 'Heckenfeuer'

HERKOMST: gekweekt, Kordes 1984.

GROEI: sterk vertakt, zeer dicht, tot 50 cm breed en hoog.

BLOEI: opvallend bloedrood met een vleugje oranje. De kom-vormige bloemen zijn sterk gevuld en hebben een open hart. De bloemblaadjes overlappen elkaar. De bloemen groeien in schermen boven het lichtglanzende blad en verspreiden een zachte geur.

BIJZONDERE EIGEN-SCHAPPEN: de bloeitijd strekt zich uit tot de eerste vorst. De bloemen blijven individueel lang goed.

GEBRUIK: dankzij de ge-lijkmatige groei in hoge mate geschikt voor perken en lage hagen. Plantafstand 30-40 cm.

Rosa 'Heckenzauber'

HERKOMST: gekweekt, McGredy 1984. Syn. 'Sexy Rexy'.

GROEI: bossig, krachtig, tot 70 cm hoog.

BLOEI: de gevulde, cameliavormige bloemen zijn eerst bescheiden roze en worden later feller roze. Ze groeien in talrijke trossen, die goed harmoniëren met het felgroene, glanzende blad. Ze verspreiden een milde geur.

BIJZONDERE EIGENSCHAPPEN: overtuigend door de overvloedige bloempracht en de uitstekende ruimtelijke werking.

GEBRUIK: een zeer goede keus voor perken en borders, maar ook voor lage hagen.

Standplaats:
☼
Eigenschappen:
❀❀❀ ⌇

TIP

In een te dicht beplante haag kunnen rozen na de ochtenddauw of een regenbui slecht drogen. Dat werkt schimmelziekten in de hand. Daarom is het belangrijk om voor een haag krachtige soorten te kiezen. Naast deze 'Heckenzauber' hoort daar ook de al sinds 1937 gekweekte soort 'Ballerina' bij: groeit licht overhangend en is onvermoeibaar in het produceren van eenvoudige roze bloemen met wit hart.

Rosa 'La Sevillana'

HERKOMST: gekweekt, Meilland 1978.

GROEI: losjes vertakt, sterk groeiend, 70-90 cm hoog.

BLOEI: scharlakenrood, in aanvang oranjerood – een mooi contrast met het donkergroene, glanzende blad. De bloemen zijn halfgevuld en hebben een diameter van 6-7 cm. Ze zitten in losse trosjes van drie tot vijf bloemen. De tint blijft lang intens rood, tenzij het langdurig regent.

VRUCHTEN: talrijke bottels.

BIJZONDERE EIGENSCHAPPEN: deze robuuste, uiterst winterharde doorbloeier kenmerkt zich door een struikvormige groei die lijkt op die van wilde rozen. Daardoor kan hij ook goed hitte verdragen en toont hij zich ongevoelig voor meeldauw en sterroetdauw. Dit werd in 1979 beloond met het ADR-predikaat.

GEBRUIK: de struik staat, solitair of in groepen, bijzonder goed vóór andere struiken, is geschikt voor hagen en combineert prima met andere planten. Bij het dominante rood komen witte en blauwe bloemen het beste

TIP

Een rozenhaag kan volgens de regels worden verzorgd, maar mag ook op natuurlijker wijze groeien. Als u hem niet snoeit, zullen de vogels u dankbaar zijn voor de bottels. Die bouwen trouwens ook hun nesten in lage hagen. Als u een bonte haag wilt, plant u rozen met verschillende kleuren, maar wel met hetzelfde groeikarakter.

uit. Houd een afstand tussen de planten aan van circa 40 cm.
De roos is een goede bestuiver.

ROZENBOTTELLIKEUR IN TWEE VARIANTEN

Recept 1: vul een fles met een inhoud van 1 liter voor driekwart met schoongemaakte bottels en vul
die aan met korenjenever of zuivere brandewijn. Laat hem zes weken op een zonnige plek staan (dagelijks omschudden). Zeef de likeur en voeg 100 gram suiker toe. Laat de likeur voor gebruik nog twee
weken trekken. *Recept 2:* maak 500 gram bottels schoon, snijd ze klein en meng ze met 250 g geurende – liefst rode – rozenblaadjes. Doe het geheel met 150-200 gram witte kandijsuiker en 1 fles
vruchtenbrandewijn in een afsluitbare glazen pot. Laat de likeur vier tot zes weken op een warme plek
trekken (dagelijks omschudden). Zeef hem en laat hem nog enkele dagen voor gebruik natrekken.

Rosa 'Leonardo da Vinci'

HERKOMST: gekweekt, Meilland 1993.

GROEI: bossig, opgaand, goed vertakt, 60-80 cm hoog.

BLOEI: roze, sterkgevulde bloemrozetten in de vorm van oude rozen. Licht geurend, maar daarvoor in de plaats rijk- en vaker bloeiend, met een duidelijke hoofdbloei in de zomer.

BIJZONDERE EIGENSCHAPPEN: combinatie van een nostalgische bloemvorm met een compacte groei en een ongevoeligheid voor ziekten van het blad. Groeit zowel in de volle zon als in de halfschaduw.

GEBRUIK: de soort kan solitair of in groepen worden geplant. Past uitstekend binnen een formele tuinaanleg. Ook verkrijgbaar als hoogstamroos, 60 of 90 cm hoog, daarom heeft de roos een voorkeur voor grotere kuipen. De bloemen zijn op de vaas lang houdbaar.

GELIJKENDE SOORTEN: de crèmegeel bloeiende soort 'Tchaikovski'. De gele, gevulde bloemen van de grootbloemige roos 'Michelangelo' verspreiden een indringende geur. De 'Traviata' betovert met donkerrood.

Rosa 'Lilli Marleen'

HERKOMST: gekweekt, Kordes 1959.

GROEI: bossig, opgaand, 50-70 cm hoog.

BLOEI: het fluwelige bloedrood is indrukwekkend. De bloem is komvormig, halfgevuld en heeft een diameter van circa 9 cm. In één tros kunnen tot 15 bloemen zitten, die met hun kleur schitterend afsteken tegen het matgroene blad. Zelfs de druppelvormige knop is al donkerrood. Licht geurend.

BIJZONDERE EIGENSCHAPPEN: opdat de roos goed groeit, heeft hij een optimale standplaats nodig en uw verzorging – dan toont hij zich de rijke bloeier waarom hij bekend is.

GEBRUIK: struikvormige perk- en borderroos, ook voor grotere vlakken. Zet de planten op een afstand van circa 40 cm. Voeg in grote groepen gerust wat witte rozen toe, zoals de soorten 'Schneesturm', 'Schneekönigin' of de wat hogere 'Schneewittchen'.

GELIJKENDE SOORTEN: voor liefhebbers van donkere roodtinten adviseren wij bijvoorbeeld de 'Mariandel' (donker bloedrood, tot 60 cm hoog) of 'Lübecker Rotspon' (stralend bordeauxrood, 60 cm hoog).

Standplaats:
☼

Eigenschappen:
✿✿ ❧

Rosa 'Manou Meilland'

HERKOMST: gekweekt, Meilland 1978.

GROEI: struikvormig, rijk vertakt, opgaande groei, gemiddeld snel groeiend, 50-70 cm hoog.

BLOEI: krachtig, seringachtig roze, later iets roder. De spitse, druppelvormige knoppen zijn rood. De sterkgeurende gevulde bloemen hebben circa vijftig iets gewelfde bloemblaadjes. Hun diameter is soms 10 cm.

BIJZONDERE EIGENSCHAPPEN: deze bijzondere soort is zowel geschikt voor warmere als koudere standplaatsen.

GEBRUIK: zeer geschikt voor perken en borders, nog meer in combinatie met planten. De regel is zes tot zeven planten per vierkante meter.

GELIJKENDE SOORTEN: de naam Meilland staat in feite voor een heel scala. De 'Anthony Meilland' betovert met zijn stralend gele komvormige bloemen, de 'Matthias Meilland' geeft met zijn helderrode bloemen een uitgelezen ruimtelijk effect; de bossige roos is zeer sterk en ook voor koudere streken een goede keus.

ROZENPERKEN INVULLEN

Wanneer u rozenperken of hoogstamrozen niet met het haast verplichte buxus wilt omzomen, kunt u eens kiezen voor planten of struiken. Planten met zilverachtig of viltig grijs blad harmoniëren qua kleur met nagenoeg alle rozen. Hun soepele bladtapijt staat prachtig op de voorgrond en realiseert een goede overgang naar andere locaties in de tuin. Heilig(en)bloem *(Santolina chamaecyparissus)* of bijvoet *(Artemisia*-soorten) zijn bijzonder aan te bevelen. De blauwpaarse bloemen van kattekruid *(Nepeta x faassenii)* passen ook perfect bij vele rozen, vooral bij rood en roze bloeiende soorten. Een dergelijke randbeplanting bloeit in de herfst een tweede keer als u na de eerste bloei steeds direct de uitgebloeide bloemen wegneemt.

Rosa 'Muttertag'

HERKOMST: gekweekt, Grootendorst 1950.

GROEI: breed vertakt, struikvormig, traag groeiend, slechts 30-40 cm hoog.

BLOEI: in volle bloei stralend rood, lichter verbloeiend na het hoogtepunt. De bloemen zijn bijna kogelrond, halfgevuld en met een diameter van circa 3 cm relatief klein. Maar daarvoor in de plaats bestaan de trossen uit talrijke rozen: bij de eerst bloei vroeg in de zomer uit circa 20, bij de nabloei uit circa 10 stuks.

BIJZONDERE EIGENSCHAPPEN: deze roos is overal een begrip, maar dan als 'Mothersday', 'Fête de Mères' en 'Morsdag'.

GEBRUIK: de kleine roos voelt zich met name thuis in perken en borders, maar ook in kuipen of potten. En op kerkhoven. In een perk is de plantafstand circa 30 cm.

GELIJKENDE SOORTEN: de 'mannelijke' tegenhanger is 'Vatertag'. Wordt 25-35 cm hoog en heeft halfgevulde bloemen in een naar zalmroze neigend oranje.

Rosa 'NDR 1 Radio Niedersachsen Rose'

HERKOMST: gekweekt, Kordes 1996.

GROEI: struikvormig, opgaande groei, sterk groeiend, 80-120 cm hoog.

BLOEI: bij het ontluiken oudroze, bij het verwelken lichter. Ze zijn komvormig, halfgevuld, en groeien in grote trossen tot wel vijftien stuks tegelijk. Ze verschijnen in groten getale, zijn weersbestendig en zelfreinigend. De bloemen verspreiden een milde geur als van oude rozen.

Standplaats:
☼ – ☼

Eigenschappen:
🌸🌸 ↄ

Toepassing:
🪴

BIJZONDERE EIGENSCHAPPEN: deze krachtige roos oogt niet alleen lieftallig, maar dient ook een goed doel: een deel van de opbrengst wordt besteed aan het onderhoud van het rosarium bij het pand dat in de naam van de roos is verwerkt.

GEBRUIK: u kunt de roos zowel solitair als in een groep plaatsen. Omdat ze zeer groot worden, zijn drie tot vier planten per vierkante meter genoeg. De roos kan in de volle zon, maar ook in de halfschaduw, is uiterst vorstbestendig en behoeft weinig verzorging. Als kuipplant is hij absoluut een imposante verschijning.

Rosa 'Nostalgie'

HERKOMST: gekweekt, Tantau 1995.

GROEI: opgaande groei, struikvormig, 80-100 cm hoog.

BLOEI: nostalgische grootbloemige roos met crèmewitte tot kersrode gevulde bloemen, die heerlijk geuren. De bloemen vormen een prachtig contrast met het zwartgroene blad. Vaker bloeiend met een duidelijke hoofdbloei.

BIJZONDERE EIGENSCHAPPEN: met zijn bolronde bloeiwijze behoort de 'Nostalgie' tot de groep romantische rozen. Door zijn grootte en groeivorm lijkt hij bijna op een heesterstruik, maar hij doet het vooral goed in een perk. Verkreeg in 2003 het Toproospredikaat.

GEBRUIK: de roos kan alleen staan of in groepen. Ook verkrijgbaar als hoogstamroos met een stamhoogte van 90 cm. Als struik of stamroos past hij uitstekend in ruime kuipen. De bloemen blijven op de vaas lang mooi.

GELIJKENDE SOORTEN: alsof ze handgeschilderd zijn: zo zien de rood-wit gevlamde bloemen van de 'Philatelie' (60-80 cm hoog) – die als enkele roos bloeien maar ook in de vorm van trossen – eruit.

Rosa 'Queen Mother'

HERKOMST: gekweekt, Kordes 1998.

GROEI: bossig, compact, circa 70 cm hoog.

BLOEI: vaker bloeiende floribundaroos, met lichtroze, halfgevulde bloemen die een zoete geur verspreiden. Ze pronken boven donkergroen, glanzend blad. Hun gele meeldraden zijn duidelijk zichtbaar in het hart.

BIJZONDERE EIGENSCHAPPEN: deze roos sleepte behalve het ADR-predikaat in 1996 en het Toproospredikaat in 2004 talrijke andere internationale prijzen in de wacht.

GEBRUIK: een compacte soort voor perken en borders. Geplant in een kuip kunt u ook op het balkon van de aparte bloemen genieten.

Standplaats:
☼

Eigenschappen:
❀❀ ↄ

Toepassing:
🗑 ✗

TIP

Er is nauwelijks een andere plant die zo veel geurnuances verspreidt als de roos. Veroorzaker is de etherische olie die zich in de kliercellen van de bloemblaadjes, vaak ook van het blad, de knoppen en de stelen, bevindt. Eigenlijk moeten rozen dus vlak bij uw zitplaats in de tuin staan...

Rosa 'Rosenprofessor Sieber'

Standplaats:

Eigenschappen:

Toepassing:

HERKOMST: gekweekt, Kordes 1997.

GROEI: bossig, 60-80 cm hoog.

BLOEI: puur roze, gevulde bloemen van het type floribunda, waarvan de kleur later vervaagt tot het tere roze van porselein. Ze verspreiden de zachte geur van wilde rozen en verschijnen zonder adempauze tot aan de herfst. De regenbestendige bloemtrossen hangen boven donkergroen, glanzend blad.

BIJZONDERE EIGENSCHAPPEN: de soort – opgedragen aan rozenexpert professor Sieber – behaalde in 1996 het ADR- en in 2003 het Toproospredikaat als bewijs voor zijn gezondheid, taaie karakter en goede bloei.

GEBRUIK: deze roos doet het zowel goed als solitair als in een groep in een perk of border. Vanwege zijn bossige groei zijn vier tot vijf planten per vierkante meter genoeg. Een goede roos voor beplanting bij een graf. Hij groeit ook goed in een ruime kuip. Gedijt zowel in de felle zon als in de halfschaduw.

GELIJKENDE SOORTEN: de overvloedig groeiende perkroos 'Rosali 83', met roze, gevulde bloemen.

Rosa 'Samba'

HERKOMST: gekweekt, Kordes 1964.

GROEI: bossige, opgaande groei, rijk vertakt, 40-50 cm hoog.

BLOEI: de roos biedt een interessant kleurenpalet, waarbij de goudgele grondkleur aan de buitenkant van de bloemblaadjes lijken overgoten met een schitterend rood. Ook de bolvormige, gele knop vertoont al rode strepen. De gemiddeld grote, gevulde bloemen zitten in grote trossen.

BIJZONDERE EIGENSCHAPPEN: zeer goede kleurwerking door de brutale tweekleurigheid van de bloem. Vormen een meesterlijk onderdeel in decoraties.

GEBRUIK: compacte soort voor perken en borders, waar de rozen het best staan in groepen van zeven tot acht planten per vierkante meter. De bonte bloemen komen het best tot hun recht tegen een effen groene achtergrond. Zeer geschikt voor kuip of bak.

GELIJKENDE SOORTEN: de gevulde bloemen van de 'Rumba' zijn eveneens tweekleurig: goudgeel en oranje. Ze beginnen kogelrond, maar openen zich komvormig. Licht geurend. De plant wordt 50-70 cm hoog.

Standplaats:
☼

Eigenschappen:
❀❀

Toepassing:
🗑 ✄

Rosa 'Sommermorgen'

Standplaats:

Eigenschappen:
❀❀❀

Toepassing:
🪣 🌱

HERKOMST: gekweekt, Kordes 1991.

GROEI: breeduit en bossig, gedeeltelijk over de grond liggend, 60-80 cm hoog en tot 1 m breed.

BLOEI: de komvormige, gevulde bloemen zijn roze met een geel hart en zitten aan korte stelen in dichte trossen bij elkaar. De kleur van de bloemen vormt een mooi contrast met het glanzende groene blad. Vaker bloeiend.

BIJZONDERE EIGENSCHAPPEN: robuuste, zeer onderhoudsvriendelijke roos met regenbestendige bloemen die net zo mooi bloeit op zonnige plaatsen op het zuiden als in de halfschaduw.

GEBRUIK: de soort staat solitair mooi, maar ook in groepen van vier tot vijf planten per vierkante meter. Omdat de roos nogal breed uitgroeit, vult hij snel grotere vlakken. Staat goed tussen andere beplantingen. Bij de kleur van de roos in het bijzonder blauw en violet heel goed; daarom zijn lavendel, ridderspoor en monnikskap goed gezelschap. Ook geteeld als hoogstamroos.

GELIJKENDE SOORTEN: zijn pendant in citroengeel, de 'Sommermond', groeit minder breed.

Rosa 'Trier 2000'

HERKOMST: gekweekt, Kordes 1985.

GROEI: bossig, opgaande groei, rijk vertakt, tot 80 cm hoog.

BLOEI: puur roze met roodgetinte aderen, een zeer levendig kleurenspel. De individuele bloemen zijn schotelvormig en hebben gewelfde bloemblaadjes – dit geeft de roos het edele karakter. De bloemen groeien in trossen en geuren zacht. De druppelvormige knoppen zijn rood.

BIJZONDERE EIGENSCHAPPEN: struikvormige, sterke perkroos die tegen een stootje kan, met een lange bloei. Behaalde in 2003 het Toproospredikaat.

GEBRUIK: de krachtige roos kan het begroeien van een grotere tuinaanleg zeer goed aan. Dan laat hij zich graag vergezellen door andere planten, heestergroepen of stukjes struikgewas.

GELIJKENDE SOORTEN: een goede teamplayer binnen eveneens grotere tuinaanleg is de soort 'Uwe Seeler'. Deze roos wordt tot 1 m hoog en groeit struikvormig. De gevulde, oranjerode bloemen geuren zacht. De 'Play Rose', met roze, halfgevulde bloemen, is krachtig en weinig veeleisend (ADR-predikaat 1989).

Standplaats:
☼

Eigenschappen:
❀❀ ♪

GROOTBLOEMIGE ROZEN VOOR TUIN EN VAAS

Wanneer hebt u voor het laatst een bos rode rozen gekregen? Al (te) lang geleden? Dan doet u zichzelf toch een boeket cadeau! Met grootbloemige rozen uit eigen tuin kunt u zichzelf daarmee de hele zomer verwennen. En het hoeft niet altijd de kleur van de liefde te zijn; grootbloemige rozen zijn er in allerlei kleuren en vormen. In felle kleuren of zachte pasteltinten, enkelkleurig of veelkleurig, klassiek elegant of romantisch speels, geurend of geurloos. Bij de afstammelingen van de Chinaroos, de klassiek theehybriden, prijken de gevulde bloemen in hun eentje aan het eind van de lange steel, terwijl sommige soorten ook zijknoppen hebben. Als u liever één grotere roos per steel hebt, breekt u gewoon de zijknoppen af. Rozen met lange steel zijn ideaal voor op de vaas; de tot 1,10 m hoge planten zien er in de tuin wat slungelig uit. In kleine groepen van drie tot vijf stuks, staan de rozenstruiken duidelijk beter. Dat u ze zo dicht mogelijk bij het terras zet, behoeft nauwelijks betoog. Grootbloemige rozen zijn teer. Ze hebben meer verzorging en aandacht nodig dan bijvoorbeeld de sterke heesters. U kunt ze het beste in gelijksoortige rozengroepen zetten of in kuipen; in bont gezelschap van andere planten en heesters voelen ze zich minder thuis. Voor een goede rozenstandplaats zijn grootbloemige rozen u zeer erkentelijk – en dat laten ze op hun eigen manier blijken.

Rosa 'Aachener Dom'

Standplaats:

Eigenschappen:

Toepassing:

HERKOMST: gekweekt, Meilland 1982.

GROEI: bossig, strak opgaande groei, sterk groeiend, 60-80 cm hoog, vaak iets hoger.

BLOEI: de grote, roze bloemen met een vleugje zilver zijn gevuld. Ze hebben een diameter van 10-12 cm. De meeste prijken alleen aan een steel boven het glanzend groene blad, maar vaak verschijnen er een paar krachtige, koperachtig roze zijknoppen. De bloemblaadjes vertonen een interessant verloop: ze worden naar het midden toe steeds feller van kleur. De soort is vaker bloeiend met een krachtige hoofdbloei en verspreidt een indringende geur.

BIJZONDERE EIGENSCHAPPEN: de krachtige, vorstbestendige roos met zijn gezonde blad en regenbestendige bloemen is geschikt voor de wat guurdere streken. Voor zijn uitzonderlijke eigenschappen ontving hij in 1982 het ADR-predikaat.

GEBRUIK: als solitair of in groepen in perk of border. De plant is ook tevreden met een plaats in de halfschaduw. Hij groeit als hoogstamroos of als struik goed in de kuip. Lieflijke snijroos.

Rosa 'Barkarole'

HERKOMST: gekweekt, Tantau 1988.

GROEI: bossig, opgaande groei, sterk groeiend, 80-100 cm hoog. De jonge uitlopers zijn eerst donkerrood, later bijna zwartrood.

BLOEI: uit de zwartrode knoppen ontwikkelen zich bevallige, fluweelzachte, donkerrode bloemen. Ze zijn gevuld, rond en bereiken een diameter van 9 cm. Daarbij verspreiden ze een aangename geur. Na de hoofdbloei in de zomer geeft de roos volop toegiften.

BIJZONDERE EIGENSCHAPPEN: hier gaat de buitengewone bloemkleur gepaard met een bloeitijd tot diep in de herfst. De diepgroene, met een roodachtig zweem overtrokken bladeren verhogen de aantrekkelijkheid van de roos.

GEBRUIK: een sterke roos die u als solitair of als groep kunt planten. Decoratieve kuipplant. Ook te koop als hoogstamroos. De charmante bloemen groeien aan uiterst lange stelen en zijn ideaal voor in boeketten. De diepgekleurde, geurende bloemblaadjes zouden in geen enkel rozenrecept mogen ontbreken.

Standplaats:
☼

Eigenschappen:
❀❀ ♪

Toepassing:
🗑 ⚘ ✂ ✗

Rosa 'Belle Epoque'

Standplaats:

Eigenschappen:

Toepassing:

HERKOMST: gekweekt, Fryer 1994. Syn. 'Fryyaboo'.

GROEI: opgaande groei, circa 1 m hoog.

BLOEI: de binnenkant van de bloemblaadjes is goudbrons, de buitenkant heeft een donkerder tint. Deze kleurtonen bieden een spannend contrast met het overvloedige donkergroene blad. De grote, iets langgerekte bloemen geuren aangenaam.

BIJZONDERE EIGENSCHAPPEN: een echte aanrader voor liefhebbers van interessante kleurcombinaties.

GEBRUIK: voor rozenperken en borders, als solitair of in een groep, snijroos en geurverspreider.

GELIJKENDE SOORTEN: de 'Just Joey' biedt eveneens een interessante kleurvariant. Zijn koperachtig oranje bloemen zijn doortrokken met rode aders, de bloemblaadjes gewelfd. De plant wordt 90 cm hoog en groeit in de breedte. De 'Tequila Sunrise' heeft gele, roodgerande bloemen en wordt circa 75 cm hoog. Een fantastische perkroos. De gele bloemen van de geurende 'Banzai 83' (80-100 cm hoog) hebben ook een roodachtig randje.

Rosa 'Duftzauber 84'

HERKOMST: gekweekt, Kordes 1984.

GROEI: krachtig opgaande groei, bossig vertakt, 70-90 cm hoog.

BLOEI: uit de donkerrode knoppen ontwikkelen zich scharlakenrode bloemen met krachtige geurtonen. Ze zijn gevuld en met een diameter van 9 cm middelgroot. Meestal zit er aan elke steel één bloem. Het komt zelden voor dat de bloemen in trosjes groeien aan vertakte stelen.

Standplaats:
☼

Eigenschappen:
🌸🌸 ᔐ

Toepassing:
🏺 ⚘ ✄ ✕

BIJZONDERE EIGENSCHAPPEN: deze roos verenigt een edele bloemvorm met een heerlijke geur. Het stralende rood houdt zich goed tot aan het verwelken.

GEBRUIK: de roos genereert een groot kleureffect, of hij nu in een kleine of een grote groep wordt geplaatst. De hoogstamvariant is uitstekend geschikt voor kuipen. De geurende snijbloem is ideaal als ingrediënt in allerlei rozenrecepten.

GELIJKENDE SOORTEN: de 'Duftwolke' verspreidt een uitgesproken rozengeur; met zijn koraalrode, gevulde bloemen een prima keus. Omdat deze soort vorstbestendig is, gedijt hij ook in koudere streken.

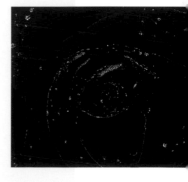

Rosa 'Erotica'

Standplaats:

Eigenschappen:

Toepassing:

HERKOMST: gekweekt, Tantau 1968.

GROEI: opgaande groei, compact, 60-80 cm hoog.

BLOEI: de donkerrode knoppen rijpen tot edel gevormde bloemen in een fluwelig rood. De bloemen zijn gevuld en met hun diameter van 12 cm zeer groot. Daarbij zijn de buitenste bloemblaadjes fraai naar buiten toe gewelfd. De roos is omgeven door een aangenaam kruidige geur.

BIJZONDERE EIGENSCHAPPEN: in 1969 behaalde deze klassiek elegante theeroos het ADR-predikaat.

GEBRUIK: deze snijbloem met lange steel is ook geschikt voor perken. Daar voegt hij zich het mooist in groepen; de plantafstand moet circa 40 cm zijn.

EEN WELKOM VAN DE ROOS

Hoogstamrozen zijn ware blikvangers. Ze bieden accenten: binnen een formele parkaanleg, in een natuurlijk aangelegde tuin bij een huis of in kuipen of potten op balkon of terras. Aan weerszijden van de voordeur heten ze gasten een extra hartelijk welkom.

Rosa 'Focus'

HERKOMST: gekweekt, Noack 1997.

GROEI: bossig, opgaande groei, circa 70 cm hoog.

BLOEI: de zalmroze bloemen zijn gevuld en met een diameter van 10 cm zeer groot. Het donkergroene, sterk glanzende blad dient als boeiend contrast met de kleur van de bloemen. Na de hoofdbloei bloeit de plant nog rijkelijk na.

Standplaats:
☼

Eigenschappen:
❀ ❀ ❀

Toepassing:
🪴 🌱 ✂

ROZEN: VÓÓR HET SNIJDEN

Bij rozen die bloemtrossen maken, verwijdert u de bovenste knop voordat die rijp is. Als die namelijk als eerste zou uitkomen, blijven de andere knoppen dicht. Bij grootbloemige rozen worden de zijn knoppen juist weggehaald, zodat er één bloem overblijft.

BIJZONDERE EIGENSCHAPPEN: een internationaal met prijzen overladen grootbloemige roos (Toproospredikaat 2003), niet bevattelijk voor bladziekten als sterroetdauw en meeldauw.

GEBRUIK: ideaal voor in perken en borders, solitair of in gezelschap. Wij raden vijf planten per vierkante meter aan. De roos is als hoogstamroos verkrijgbaar en gedijt ook in kuipen.

Rosa 'Gloria Dei'

HERKOMST: gekweekt, Meilland 1945. Ook bekend als 'Mme A. Meilland', 'Peace' of 'Gioia'.

GROEI: opgaande groei, breeduit en bossig, krachtige, dichte groei, 80-100 cm hoog.

BLOEI: de elegante, theeroosvormige bloemen zijn aan het begin van de bloei geel met een koperrode rand, later komt daar een zweem roze overheen. Ze zijn sterk gevuld, hebben een diameter van 12-14 cm en meestal één bloem per steel. De bloeitijd loopt tot aan de vorst, met een duidelijke hoofdbloei. Licht geurend.

BIJZONDERE EIGENSCHAPPEN: de beroemdste roos ter wereld overtuigt niet alleen met zijn bloemenpracht, maar ook met zijn krachtige groei en gezondheid.

GEBRUIK: of het nu als tuin- of als snijroos is, de 'Gloria Dei' is bijzonder veelzijdig. Als solitair of in groepen is hij altijd een blikvanger. Stoort zich niet aan een plaats in de halfschaduw; de bloemen kunnen zelfs tegen langere perioden neerslag. Is als struik of hoogstamroos prima op zijn plaats in een kuip. De snijbloemen staan lang op de vaas.

ZO SNIJDT U GOED

Rozen snijdt u vroeg in de morgen, dan zijn ze nog koel en fris van de nacht en blijven ze op de vaas langer staan. De knoppen moeten al een beetje open zijn en iets van de kleur van de roos onthullen. Snijd de steel niet te dicht bij de grond af en maximaal twee stelen per plant tegelijk. Voordat u de rozen in de vaas zet, moet u de stelen schoonmaken, schuin afsnijden en bladeren die in het water kunnen hangen, verwijderen. Zet de bloemen vervolgens in de vaas, zodat ze hun vochtverlies snel weer kunnen aanvullen. Voeg een snufje suiker en 2 theelepels appelazijn toe aan het water, dan blijven de rozen langer leven.

Rosa 'Montezuma'

Standplaats:

Eigenschappen:

Toepassing:

HERKOMST: gekweekt, H.C. Swim 1955.

GROEI: opgaand, krachtig groeiend, tot 1,30 m hoog en tot 70 cm breed.

BLOEI: de elegante, gevulde bloemen zijn zalmroze getint en verspreiden een zachte geur. Ze hebben een diameter van 9 cm en bevinden zich in dichte trossen boven krachtig groen, leerachtig blad. De bloeitijd ligt tussen de zomer en de herfst.

BIJZONDERE EIGENSCHAPPEN: met zijn hoogte past hij goed in de achterhoede van een rozenbeplanting, maar moet nog wel goed 'te voet' bereikbaar zijn.

GEBRUIK: als solitair of in een groep in perken en borders; snijroos met lange steel.

ZO STAAN UW BLOEMEN LANGER OP DE VAAS

Ververs het water dagelijks, snijd de rozen elke keer schuin af, er mag geen blad in het water hangen. Mors geen water op het blad, dat geeft lelijke vlekken. Maak de vazen na gebruik grondig schoon.

Rosa 'Painted Moon'

HERKOMST: gekweekt, Dickson 1991.

GROEI: breeduit en bossig, weids groeiend, tot 75 cm hoog en 60 cm breed.

BLOEI: de gevulde bloemen zijn ongewoon van kleur – de gele grondkleur loopt over in karmozijnrood en roze. De lichtgeurende bloemen, met een diameter van circa 9 cm, verschijnen in trossen tot aan de herfst. Het dichte blad is bescheiden groen, waarbij de bloemen sprekend tot uiting komen.

Standplaats:
☼

Eigenschappen:
❀❀ ☽

Toepassing:
✄

ZWEMMENDE ROZEN

De rozen van een rozenstruik verwelken niet allemaal in één klap; meestal blijven er nog een paar mooie exemplaren over, waarvan u nog verder kunt genieten. Snijd de steel af tot aan de bloem en laat de bloemen drijven in een sierschaal met een laagje water.

BIJZONDERE EIGEN-SCHAPPEN: dicht bossig groeiende roos voor wie houdt van tweekleurige bloemen.

GEBRUIK: de compacte roos is bijzonder geschikt voor perken en hagen. De bloemen staan prachtig op de vaas.

Rosa 'Paul Cézanne'

HERKOMST: gekweekt, Delbard 1997.

GROEI: opgaande groei, 60 cm hoog.

BLOEI: de gele knop opent zich tot een halfgevulde bloem met zachtgele bloemblaadjes, die zijn voorzien van oranjetinten en zachtroze banen. De bloem geurt naar sinaasappel en peer.

BIJZONDERE EIGENSCHAPPEN: het uitzonderlijke kleurenpalet van deze uit Frankrijk stammende roos brengt een zomerse, mediterrane sfeer in de tuin zowel als in huis. De roos is zeer geschikt voor decoratiedoeleinden.

GEBRUIK: de soort wordt met 60 cm niet erg hoog. Daarom past hij goed in een kleinere tuin, in perkjes of borders en in kuipen of ruime potten op balkon en terras. In het perk kunt u ze rustig dicht op elkaar planten.

GELIJKENDE SOORTEN: de 'Camille Pissaro' (rode, roze, gele en witte bloemen, appelgeur), 'Claude Monet' (geel-roze gevlamde bloemen, zoete geur die doet denken aan vruchten) en 'Henri Matisse' (roze-rood-wit gestreepte, naar oude boerenrozen geurende bloemen). Alle 80-100 cm hoog.

Rosa 'Polarstern'

HERKOMST: gekweekt, Tantau 1982.

GROEI: opgaande groei, losse structuur, sterk groeiend, 60-80 cm hoog, vaak tot 1 m.

BLOEI: deze edele, gevulde theehybride in stralend wit is omgeven met een lichte geur. De grote bloemen – één per steel – ontwikkelen zich uit druppelvormige knoppen. Ook na de krachtige hoofdbloei blijven de bloemen komen. Boven het donkergroene blad komen de bloemen fraai tot uiting.

Standplaats:
☼

Eigenschappen:

Toepassing:

BIJZONDERE EIGENSCHAPPEN: de elegantie van de witte bloemen gaat gepaard met een wilskrachtig karakter. De roos is vorstbestendig en daarom ook geschikt voor koudere streken.

GEBRUIK: de witte bloemen lichten elke plek of border op, zowel als solitair als in een groep. Goed te combineren met andere planten. De plantafstand is 40-50 cm. Als hoogstamroos of struik staat hij ook goed in een kuip. De langstelige roos is een ideale component in boeketten en de bloemen lenen zich uitstekend voor rozenrecepten.

Rosa 'Rosemary Harkness'

Standplaats:

Eigenschappen:
🌼🌼 ✎

Toepassing:
✂ ✗

HERKOMST: gekweekt, Harkness 1985. Syn. 'Harrowbond'.

GROEI: opgaande groei, bossig, krachtig groeiend, 60-80 cm hoog.

BLOEI: theehybride met gevulde, geeloranje tot zalmkleurige bloemen die flink geuren. Ze verschijnen tot aan de herfst boven donkergroen, glanzend blad.

BIJZONDERE EIGENSCHAPPEN: robuuste roos. Een bijzonder lieflijk kleurenpalet dat in een perk en op de vaas terecht de aandacht trekt.

GEBRUIK: goede snijroos, maar ook geschikt voor perken en borders, decoratieve doeleinden en rozenrecepten.

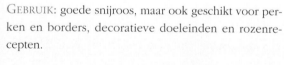

GELIJKENDE SOORTEN: de 'Christoph Columbus' bloeit met gevulde bloemen in koperachtig oranje; ziekteresistent, vraagt weinig verzorging, groeit ook in de halfschaduw en in een grotere maat kuip. Als snijroos net zo geschikt als de 'Tea Time' in koperachtig goudoranje en de 'Kupferkönigin' in kopergeel.

Rosa 'Savoy Hotel'

HERKOMST: gekweekt, Harkness 1991. In Groot-Brittannië in 1989 ingevoerd. Syn. 'Harvintage' of 'Integrity'.

GROEI: opgaande groei, bossig maar compact, sterke groei, tot 80 cm hoog en 60 cm breed.

BLOEI: pastelroze bloeiende theehybride, waarvan de bloemblaadjes aan de onderzijde een donkerder tint roze hebben. De gevulde bloemen zijn klassieke van vorm, kogelrond en bereiken een diameter van circa 11 cm. De bloeitijd gaat door tot in de herfst. Licht geurend.

Standplaats:
☼

Eigenschappen:
🌼🌼 ~

Toepassing:
🏺 ⚘ ✂

BIJZONDERE EIGENSCHAPPEN: zeer weelderig bloeiende soort, bestand tegen rozenziekten en door de Royal Horticultural Society als een van de beste grootbloemige rozen erkend.

GEBRUIK: ietwat woekerende, maar compact blijvende soort voor perken en borders. Tevens zeer charmante snijroos. Ook verkrijgbaar als hoogstamroos.

GELIJKENDE SOORTEN: de 'Lovely Lady' (90 cm) heeft grote, gevulde roze bloemen met koraalroze nuances.

Rosa 'Schwarze Madonna'

Standplaats:

Eigenschappen:

Toepassing:

HERKOMST: gekweekt, Kordes 1992.

GROEI: struikvormig, opgaande groei, 60-80 cm hoog.

BLOEI: de zwartrode bloemen met het fluwelig waas zijn omgeven met een milde geur. Ze zijn gevuld en hebben een diameter van 12 cm. Tijdens het ontluiken van de bloemen is het eerst roodachtige, later diepgroen wordende blad een echte blikvanger. Schitterend zijn ook de spits toelopende, druppelvormige, zwartrode knoppen.

BIJZONDERE EIGEN-SCHAPPEN: een klassieke donkerrode schoonheid.

GEBRUIK: de roos past, in groepen geplant, goed in perken en borders. En natuurlijk is het een prachtige, bijzonder langstelige bloem voor op de vaas.

ZWART ALS DE NACHT

Hoe vurig vele rozenveredelaars het ook wensen, een puur zwarte roos bestaat nog niet. Misschien is het wel goed dat de natuur zich niet laat overtroeven. Zoals een groot staatsman eens zei: "Een roos is zoiets moois, dat zelfs de meest fanatiek experimenterende kweker de bloem nooit zal kunnen verprutsen."

Rosa 'Sebastian Kneipp'

HERKOMST: gekweekt, Kordes 1997.

GROEI: opgaande groei, vertakt, rijpt goed na, 80-100 cm hoog.

BLOEI: grootbloemige roos met de charme van oude rozen, met crèmewitte, in het midden geelachtig roze getinte bloemen. Ze zijn gekwartierd en sterk gevuld. Meestal groeien ze in trossen, waarbij ze hun sterk zoete geur onophoudelijk verspreiden. De heldere bloemkleur steekt duidelijk af tegen het donkergroene, glanzende blad.

BIJZONDERE EIGENSCHAPPEN: deze romantische roos met zijn bedwelmende geur kwam op de markt ter gelegenheid van de honderdste sterfdag van artsdominee Kneipp.

GEBRUIK: dit robuuste exemplaar kunt u als solitair of in een groep planten. Verdraagt ook de hitte van de zuidzijde. Als kuipplant goed voor op balkon of terras. De zijn aparte, geurende bloemen is hij geschikt als snijroos, ter decoratie en voor in rozenrecepten.

GELIJKENDE SOORTEN: de 'Sweet Lady' (50-70 cm hoog) heeft sterkgevulde, geurende bloemen in een zachtroze roomkleur.

Standplaats:
☼

Eigenschappen:
❀❀❀ ↻

Toepassing:
🗑 ✂ ✕

Rosa 'Silver Jubilee'

Standplaats:

Eigenschappen:

Toepassing:

HERKOMST: gekweekt, Cocker 1978.

GROEI: opgaande groei, bossig vertakt, 50-70 cm hoog. De takken hebben veel doorns.

BLOEI: roze, lichtgeurende, gevulde theehybride. De grote bloemen verschijnen vroeg in de zomer weelderig. Als u de zijknoppen van de bloemtrossen weghaalt, zullen een of twee rozen tot wasdom komen, die dan een diameter van 10-12 cm halen. De bladeren zijn glanzend groen en vormen de perfecte achtergrond voor de kleur van de bloemen, die zich in verschillende kleurschakeringen roze laat zien.

BIJZONDERE EIGENSCHAPPEN: uiterst robuuste en rijkbloeiende soort die zich kenmerkt door de regenbestendigheid van de bloemen. Hij tolereert zelfs voedselarme grond en halfschaduw. De roos verkreeg de naam naar aanleiding van het vijfentwintigjarig troonjubileum van koningin Elisabeth II.

GEBRUIK: opdat de roos goed tot uiting komt, kunt u hem het beste planten in groepen in de tuin. Hij verrijkt elk perk en is ook geschikt voor open hagen. Als kuipplant is hij verkrijgbaar als hoogstamroos met een stamhoogte van 60 of 90 cm. De bloemen blijven lang goed op de vaas.

GELIJKENDE SOORTEN: de 'Piroschka' is stralend helderroze en verspreidt een indringende geur.

NIET ALLE VAZEN ZIJN GELIJK

Als u wilt dat uw boeket rozen een lang vaasleven heeft, moeten de stelen zo diep mogelijk in het water staan. Daarom is het goed om hoge vazen te kiezen of koffie- en theekannen, potten, karaffen of kruiken. Vorm en kleur mogen niet te opdringerig zijn, want niets mag de aandacht van de rozen afleiden. Glazen vazen zijn neutraal en onthullen ook de vaak decoratief met doorns bedekte stelen.

Rosa 'Typhoon'

Standplaats:

Eigenschappen:

Toepassing:

HERKOMST: gekweekt, Kordes 1972. Syn. 'Taifun'.

GROEI: opgaande groei, gelijkmatig verdeelde takken, tot 75 cm hoog en 65 cm breed.

BLOEI: theehybride met bolvormige, gevulde bloemen met een kleurenspectrum van zalmroze tot oranjerood. Tegen het donkergroene, glanzende blad tekenen ze zich prachtig af. De geurende bloemen kunnen tot 10 cm breed worden en verschijnen tot in de herfst.

BIJZONDERE EIGENSCHAP-PEN: de aantrekkelijke kleurstelling maakt deze roos interessant voor tuin en vaas.

GEBRUIK: in rozenperken, als snijbloem, ter decoratie en voor kunstzinnige uitingen.

ROZENBLAADJES DROGEN

De meer uitgesproken of bijzondere kleuren zijn het geschiktst. Leg de bloemblaadjes naast elkaar tussen de bladzijden van een dik boek: een oud telefoonboek of een ander boek dat gevlekt mag worden. Leg er daarna een stapel boeken op om te verzwaren en laat de blaadjes rustig drogen.

Rosa 'Valencia'

HERKOMST: gekweekt, Kordes 1989. Syn. 'Koreklia'.

GROEI: opgaande groei, struikvormig: open maar toch compact, tot 70 cm hoog en 60 cm breed.

BLOEI: klassieke theehybride met gevulde, sterkgeurende bloemen in barnsteengeel met een rood zweem. Ze worden tot 10 cm groot en bloeien – één bloem per steel – op lange, sterke stelen. Het glanzende donkergroene blad vormt de perfecte achtergrond voor het kleurenspel. En dat alles van zomer tot in de herfst.

Standplaats:
☼

Eigenschappen:

Toepassing:

BIJZONDERE EIGENSCHAPPEN: bijzonder gracieuze, grootbloemige roos. Door zijn aangename geurtonen in het jaar van zijn verschijnen werd hij direct gekozen tot beste geurroos.

GEBRUIK: u kunt deze aantrekkelijke roos het beste groepsgewijs planten in een formele of natuurlijke tuinaanleg van borders. Zeer geschikt als snijroos: zo verspreidt hij ook binnen zijn heerlijke geur.

GELIJKENDE SOORTEN: de 'Sutter's Gold' (tot 1 m hoog) bloeit goudgeel met een rood waas.

ROMANTISCHE SFEER MET ENGELSE ROZEN

Nieuw verdringt oud: zo is het ook de roos lange tijd vergaan. Door de komst en het succes van de rijkbloeiende theehybriden met hun schitterende grote bloemen, verdwenen de oude rozen bijna uit de tuinen. De moderne soorten konden hun charme en geur weliswaar niet vervangen, maar het kleurenspectrum, de bloeirijkdom en de robuustheid van de theehybriden hebben beslist tot nieuwe maatstaven geleid. In het recente verleden is het de Engelse rozenveredelaar David Austin echter gelukt om via kruisingen van oude rozen met moderne theehybriden en floribundarozen, de romantische bloemvormen en geurnuances te verbinden aan de eigenschappen van modernere, sterkere tuinrozen. Bovendien heeft hij talrijke nieuwe kleurnuances gecreëerd. Zijn 'Engelse rozen' maken inmiddels ook een aanzienlijk deel uit van ons assortiment. Ze hebben de geopende, vaak gevulde bloemen van historische rozen en bloeien niet eenmaal, maar vaker per jaar, en verspreiden een heerlijke geur. De meeste soorten groeien uit tot grote struiken, andere zijn geschikt als perk- of klimroos en als kuipplant voor op balkon of terras. Door hun sterke blad zijn ze beter bestand tegen ziekten en regen dan de oude rozen, en gedijen ze in een minder gunstig klimaat. Om romantiek in de tuin te brengen hebt u aan een paar struiken al genoeg – elke bloem is een belevenis op zich. Laat u betoveren!

Rosa 'Abraham Darby'

Standplaats:

Eigenschappen:

Toepassing:

HERKOMST: gekweekt, Austin 1985.

GROEI: krachtig groeiende struik met overhangende takken, mooi gevormd. Groeit snel en wordt 1,5-2 m hoog.

BLOEI: de kleur van de sterkgevulde bloemen gaat van roze via oranje naar abrikoos. Daarbij verspreidt hij een krachtige geur die herinnert aan vruchten en kruiden. Hij is vaker bloeiend, tot aan de herfst, met een sterke hoofdbloei in de zomer.

BIJZONDERE EIGENSCHAPPEN: de bloemblaadjes zijn aan de binnenkant geel getint. Wanneer u ze omrolt, voltrekt zich een waar kleurenspel van gele en roze kleurtonen. Samen met de grootte van de bloemen spreidt de soort een buitengewone charme tentoon.

GEBRUIK: rozenromantiek laat u toe met individuele rozen of met groepen. Solitaire rozen leggen accenten, groepen zorgen voor belangrijke kleureffecten. Niet te dicht op elkaar en verspringend geplaatst, komen de buigzame takken goed tot hun recht. Per vierkante meter zijn één tot twee planten genoeg. Door zijn lange takken is deze roos ook geschikt als klimroos, maar hij is tevens een goede kuipplant en snijroos.

Zorg wel voor een optimale standplaats om zijn gevoeligheid voor roest geen kans te geven. De geurende bloemen zijn geschikt voor rozenrecepten.

GEEN FEEST ZONDER ROZENBOWL

Breng een halve liter water met 250 gram suiker aan de kook, voeg 2 kopjes rozenblaadjes toe, roer even, neem de pan van het vuur en laat het geheel afgedekt afkoelen (voor het aroma). Schenk het vervolgens in een grote bowlschaal, voeg 1 deciliter citroensap toe, vul die aan met twee flessen rode of witte sekt en... klaar is uw feestdrank! Roer de bowl voor het serveren door en bestrooi hem met wat rozenblaadjes.

Rosa 'Belle Story'

Standplaats:

Eigenschappen:

Toepassing:

HERKOMST: gekweekt, Austin 1984.

GROEI: opgaande groei, bossig, losjes vertakt, 1,20 m hoog en breed.

BLOEI: het zachte roze van de bloemblaadjes wordt naar de randen toe steeds feller. De bloemen zijn zeer symmetrisch opgebouwd, maar hebben desondanks een sierlijk aanzien. Als de bloemen zich openen, geven ze hun gele meeldraden in het hart vrij. De roos geurt naar theerozen en bloeit lang door.

BIJZONDERE EIGENSCHAPPEN: met zijn grote, schotelvormige bloemen lijkt de roos wel op een pioenroos. Maar door het glanzende, donkergroene blad en de typische rozengeur kunt u zich niet vergissen.

GEBRUIK: de weelderige rozenstruik is zowel als solitair als in een groep een absolute blikvanger; drie planten maken al een mooie groep. Op een rij gezet vormt 'Belle Story' romanti-sche hagen. Een lieflijke kuipplant en snijroos.

GELIJKENDE SOORTEN: voor liefhebbers van een bescheiden rozengeur adviseren we de 'Barbara Austin', die ook naar vlier geurt.

GEURKUNDE

Geen roos geurt als een andere, en niets ligt meer ten grondslag aan het subjectieve en persoonlijke ervaren als de reukzin. Desondanks verdeelt men de geurnuances van Engelse rozen in vier groepen, waarbij uiteraard sprake is van overlap. De geur van mirre is *krachtig kruidig*. Waarschijnlijk is die terug te voeren op de naam van een oude klimroos:'Ayrshire Splendens'; de 'Constance Spry' heeft deze geur geërfd. De geur van oude rozen is *zwaar en zoet*: u vindt hem uitgesproken terug in de 'Gertrude Jekyll' en 'The Prince'. De *bedwelmende geur* van theerozen doet denken aan verse theeblaadjes; de 'Graham Thomas' is hier een bekend voorbeeld van. De *fruitige, grasachtige* geur herinnert aan versgeplukte appels. Neemt u maar eens een geurhapje van de 'Leander'.

Rosa 'Charles Austin'

Standplaats:

Eigenschappen:

Toepassing:

HERKOMST: gekweekt, Austin 1963.

GROEI: struikvormig, bossige opgaande groei, krachtig groeiend, 1-1,50 m hoog, 1,20 m breed.

BLOEI: de komvormige, sterkgevulde, gekwartierde bloemrozetten stellen verschillende tinten abrikoos tentoon, die later verbleken. De bloemen verspreiden een aangename, maar indringende geur. De soort is vaker bloeiend met een duidelijke en krachtige hoofdbloei.

BIJZONDERE EIGENSCHAPPEN: de 'Charles Austin' kenmerkt zich door zeer grote, rozetvormige bloemen met uitzonderlijke kleuren en een fruitige geur.

GEBRUIK: de struik kan alleen staan, maar is in groepen decoratiever. Vanwege zijn grootte zijn één tot twee planten per vierkante meter genoeg. Om hem enigszins in vorm te houden, moet u hem af en toe verjongen. Hij is geschikt voor in een kuip, de bloemen blijven lang goed op de vaas en zijn ideaal voor in rozenrecepten.

GELIJKENDE SOORTEN: de 'Yellow Charles Austin' is de gele tegenhanger met dezelfde eigenschappen.

ROMANTISCHE BOEKETTEN MET ENGELSE ROZEN

Met hun natuurlijke schoonheid en betoverende geur behoren Engelse rozen tot de mooiste voor op de vaas. Eén boeket is al voldoende om een hele ruimte van de heerlijkste geuren te voorzien. Om de bloemen zo lang mogelijk goed te houden, snijdt u ze vroeg in de morgen af en zet u ze direct in het water. Als de knoppen half ontloken zijn, zullen ze zich volledig openen. Op een natuurlijke wijze gearrangeerd geven Engelse rozen het mooiste effect. Laat de bos eenvoudig in de vaas glijden, en de weelderige, zware bloemen zullen als bijna vanzelf een mooi boeket vormen. Om het geheel af te maken hoeft u alleen nog hier en daar een bloem toe te voegen of een bloem iets anders te zetten – de zachte tinten harmoniëren van nature met elkaar. U kunt het boeket *ton sur ton* of contrasterend arrangeren.

Rosa 'Charles Rennie Mackintosh'

HERKOMST: gekweekt, Austin 1988.

GROEI: opgaande groei, bossig, krachtig maar compact groeiend, 90 cm hoog en 75 cm breed.

BLOEI: de gevulde bloemen stralen in een prettig lilaroze, dat eerder naar lila dan naar roze neigt. De binnenste, gekrulde bloemblaadjes verlenen de bloem een lieflijk voorkomen, waar de sterke rozengeur goed bij past. De soort groeit bijna doorbloeiend tot aan de herfst.

BIJZONDERE EIGENSCHAPPEN: een karakteristiek kenmerk is de heldere lila tint, die de bloem behoudt, in weer en wind. Bij het kleine, donkergroene blad komt het lila prachtig uit.

GEBRUIK: gezonde, robuuste roos voor gemengde perken en borders; met zijn compacte groei ideaal voor de kleinere tuinaanleg. Met hun dunne stelen met veel doorns bouwen de rozen in korte tijd een volle haag. Deze roos harmonieert door zijn kleurstelling bijzonder goed met andere Engelse rozen. De grote, bolvormige bloemen zijn erg geliefd in rozenarrangementen.

MIXED BORDER: ENGELSE ROZEN IN GEMENGDE BORDERS

Engelse rozen zijn ideaal om te combineren met heesters, struiken, vaste planten en zomerbloemen. Met hen vormen ze kleurige en lange tijd bloeiende perken en borders. Behalve
bloemkleur moeten hoogte en vorm van de groenpartners op elkaar zijn afgestemd. Zeer
hoge soorten als de 'Charles Austin' horen op de achtergrond. Vloeiende overgangen cre-
eert u met overhangende, buigzame groeivormen zoals de 'Abraham Darby' die biedt. Lage,
bossige soorten, zoals de hier beschreven 'Charles Rennie Mackintosh', of 'Wife of Bath', zijn
geschikt voor op de voorgrond. Bloemen als lavendel, salie en ereprijs zorgen met hun
bloemvormen voor een prachtig contrast met de bolle, ronde bloemvormen van de rozen.

Rosa 'Constance Spry'

HERKOMST: gekweekt, Austin 1960.

GROEI: struikvormig, overhangende takken, breeduit en krachtig groeiend, als struik 1,50-2 m hoog en circa 1,50 m breed, als klimroos breder en hoger.

BLOEI: de roze bloemblaadjes zijn aan de randen lichter van kleur. De bloemen zijn sterk gevuld en met hun diameter van 12 cm zeer groot. Ze groeien langs de stelen en geuren sterk naar mirre. Met het grijsgroene blad vormen ze een mooi contrast. Eenmalig bloeiend in juni-juli.

VRUCHTEN: de roos biedt talrijke grote, oranje bottels.

BIJZONDERE EIGENSCHAPPEN: bij deze roos gaat het om de eerste Engelse roos van de Britse rozenkweker David Austin: een kruising van de gallicaroos 'Belle Isis' met de floribunda-roos 'Dainty Maid'. De roos onderscheidt zich door buitengewoon grote, bolvormige bloemen, die doen denken aan pioenrozen. De bloeitijd is relatief kort.

GEBRUIK: solitair of in een groep: deze roos is altijd een lust voor het oog. Als solitair heeft hij zeker twee vierkante meter plaats nodig. In groepen plant u een tot twee planten per

vierkante meter, afhankelijk van de gewenste dichtheid. Met zijn lange, krachtige takken is hij een goede klimroos, die u prima tegen een schutting of hekwerk kunt laten groeien. Doordat de stelen veel doorns hebben, bouwt de roos ook snel dichte hagen. De 'Constance Spry' groeit zowel in de hitte op het zuiden als in de halfschaduw en accepteert voedselarme grond. Om hem niet te overdadig te laten groeien, moet u soms flink snoeien. Een goede snijroos waarvan de bloemblaadjes geschikt zijn voor rozenrecepten.

GELIJKENDE SOORTEN: de struikroos 'Chianti' is de wijnrode pendant. Deze roos wordt 1,50-1,80 m hoog en circa 1,20 m breed.

Rosa 'English Garden'

HERKOMST: gekweekt, Austin 1986. In Duitsland ook bekend onder de naam 'Schloß Glücksburg'.

GROEI: opgaande groei, compact, tot 1,20 m hoog en 90 cm breed.

BLOEI: de kleur van de komvormige bloemen verandert tijdens de bloeitijd. Eerst zijn ze abrikooskleurig, later barnsteengeel en aan de rand wit. Met een diameter van 9 cm zijn ze nogal groot en rozetvormig gevuld. Ze verspreiden een zachte theerozengeur.

BIJZONDERE EIGENSCHAPPEN: robuuste Engelse roos met gezond blad die de hele zomer door bloeit. Weinig andere soorten tonen zulke gelijkmatige, symmetrisch gevormde bloemen.

GEBRUIK: door zijn lage, compacte groei is deze roos zeer geschikt voor de aankleding van perken en voor kuipen.

GELIJKENDE SOORTEN: de 'Pegasus' geurt eveneens naar theerozen. De krachtig gele bloemen, die naar buiten toe buigen, doen denken aan camelia's (circa 1 m hoog en breed).

Rosa 'Gertrude Jekyll'

HERKOMST: gekweekt, Austin 1987.

GROEI: opgaande groei, bossig, sterk groeiend, 1,20 m hoog en 90 cm breed.

BLOEI: de donkerroze bloemen zijn gevuld. Het is amper voor te stellen dat ze uit zulke kleine, sierlijke knopjes ontspringen. De bloemen zijn in perfecte harmonie met het grijsachtig groene blad en geuren bovendien intens.

Standplaats:
☼

Eigenschappen:
🌸🌸 ↩

Toepassing:
🪣 ↕ ✗

BIJZONDERE EIGENSCHAPPEN: de soort biedt pure nostalgie, want terwijl de grote, rozetvormige bloemen de charme van een Portlandroos bezitten, herinneren de spitse bladeren aan een damascenerroos. Niet vreemd, want naast de 'Wife of Bath' is ook de oude Portlandroos 'Comte de Chambord' vooräouder. De naam van de roos is ter ere van de Britse schrijfster die over tuinen schreef: Gertrude Jekyll.

GEBRUIK: de roos is aan te raden voor groepen van twee tot drie planten. De bladeren worden vanwege hun hoge gehalte aan rozenolie gebruikt bij de fabricage van parfums.

GELIJKENDE SOORTEN: de 'The Countryman' bloeit met rozetvormige, dieproze bloemen, die licht naar oude rozen geuren.

Rosa 'Golden Celebration'

HERKOMST: gekweekt, Austin 1992.

GROEI: struikvormig, uitnodigend, overhangende takken, 1,20 m breed en hoog.

BLOEI: het buitengewone goud- tot kopergeel van de bloemen valt direct op. Als u dicht bij de bloem gaat staan en goed kijkt, ziet u dat de kleur totstandkomt door talloze roze minipuntjes. De sterkgevulde bloemen zijn met hun diameter van 12 cm zeer groot. Ze geuren aangenaam.

BIJZONDERE EIGENSCHAPPEN: de elegante soort met de schitterende goudgele bloemen is een kruising van de bekende Engelse roos 'Charles Austin' en de 'Graham Thomas'. De roos is bijzonder resistent tegen ziekten.

GEBRUIK: de welgevormde, bolvormige struik met de elegant overhangende takken slaat zowel individueel als in een groep een goed figuur. Hij is ook geschikt als kuipplant en verkrijgbaar als hoogstamroos.

GELIJKENDE SOORTEN: de donkergele, breed komvormige bloemen van de 'Teasing Georgia' worden aan de rand iets lichter.

Rosa 'Graham Thomas'

HERKOMST: gekweekt, Austin 1983.

GROEI: struikvormig, goed vertakt, sterk groeiend, overhangende takken, 1,20-1,50 m hoog, 1-1,20 m breed.

BLOEI: de sterkgevulde bloemen verschijnen in puur geel en zijn omringd met een aangename theerozengeur. Een absoluut vaker bloeiende soort maar wel met een duidelijke hoofdbloei.

BIJZONDERE EIGENSCHAPPEN: de robuuste soort is niet uitsluitend geliefd vanwege zijn puur gele kleur. Hij groeit ook fantastisch in koudere gebieden en vormt de ideale roos voor beginnende tuinbezitters. In warmere gebieden groeit hij vaak heel krachtig; dan moet u de langste uitlopers wegsnoeien.

GEBRUIK: door het bossige karakter kan de roos goed alleen staan. Met drie planten vormen ze een aardige groep. De roos groeit net zo goed op zonnige, hete plaatsen als in de halfschaduw. Als kuipplant siert de 'Graham Thomas' elk terras of balkon. Bovendien is hij verkrijgbaar als hoogstamroos, met een stamhoogte van 1,20 m. De roos levert prachtige bloemen voor de vaas.

Standplaats:
☼ – ☼

Eigenschappen:
🌸🌸🌸 ⌇

Toepassing:
🗑 🎋 ✂ ✕

Rosa 'Heritage'

HERKOMST: gekweekt, Austin 1984.

GROEI: struikvormig, bolvormig, gelijkmatig vertakt, krachtig groeiend, overhangende takken, nauwelijks doorns, 1-1,50 m hoog.

BLOEI: de sterkgevulde bloemen betoveren met hun porseleinroze kleur. Bovendien geuren ze heel prettig: een mengeling van honing, kruidnagel en vruchten. Ze verschijnen vroeg in de zomer in dichte trossen en geven toegiften tot aan de herfst. De tere bladeren doen denken aan muskusrozen en vullen de warme tint van de bloemen perfect aan.

BIJZONDERE EIGENSCHAPPEN: behoort tot de geliefdste Engelse rozen. Niet verwonderlijk, want de bijzondere bloemen zijn nagenoeg perfect van vorm. De struik groeit krachtig en maakt voortdurend nieuwe uitlopers, zodat er aan de bloemenrijkdom geen einde lijkt te komen.

GEBRUIK: de welgevormde struik is net zo mooi als solitair als in een groep. Ook geschikt als kuipplant en als hoogstamroos verkrijgbaar. De lieflijke, geurende bloemen doen het uitstekend in boeketten en rozenrecepten.

BEGELEIDENDE PLANTEN VOOR ROMANTISCHE BOEKETTEN

Engelse rozen laten zich niet alleen goed in de tuin, maar ook in boeketten zeer goed met andere planten en bloemen combineren. Uitgangspunt is wel dat vormen en kleuren elkaar dusdanig aanvullen dat het zachte, romantische karakter van de Engelse roos bepalend blijft voor het geheel. Bij roze en rood passen de blauwe tinten van klokjesbloem, kattekruid, lavendel, ridderspoor en blauw viooltje. Rozen uit het kleurenspectrum geel-abrikoos harmoniëren met witte bloemen, zoals aster, lelie, anjelier, sneeuwbal en bruidssluier. Een mix van gele bloemen en groene bladplanten kan ook betoverend zijn, om maar te zwijgen van arrangementen in *ton sur ton.*

Rosa 'Jayne Austin'

Standplaats:

Eigenschappen:

Toepassing:

HERKOMST: gekweekt, Austin 1990.

GROEI: struikvormig, opgaande groei, krachtig groeiend, vanuit de voet komen steeds nieuwe uitlopers, 1,20 m hoog en 90 cm breed.

BLOEI: de grote, rozetvormige bloemen verschijnen in een warm abrikoosgeel. Ze zitten in dichte trossen en geuren intens naar theerozen. Vaker bloeiend.

BIJZONDERE EIGENSCHAPPEN: in deze charmante soort met de zijdeglanzende bloemen schemeren duidelijk zijn voorouders door. De roos gaat terug op de oude, klimmende noisetteroos 'Gloire de Dijon'. Hij heeft de neiging lange klimtakken te maken, die u ten gunste van het struikachtige karakter van de roos moet terugsnoeien.

GEBRUIK: de bossig groeiende, kleine struikroos is aan te raden voor het begroeien van grotere vlakken en voor hagen. De roos groeit ook graag als kuipplant en levert aantrekkelijke, heerlijk geurende snijbloemen.

GELIJKENDE SOORTEN: de 'Charity' heeft nog grotere, en bovendien zachtere bloemen dan de 'Jayne Austin'. Ze geuren intens naar mirre.

Rosa 'Leander'

HERKOMST: gekweekt, Austin 1982.

GROEI: breeduit groeiende en bossige struik, opgaande en sterke groei, 1,80 m hoog en 1,50 m breed.

BLOEI: de sterkgevulde bloemen stralen een abrikoosachtige kleur uit, in het midden wat donkerder. Met hun elegante vorm herinneren ze aan de *Rosa gallica* 'Charles de Mills'. Ze groeien in grote trossen en verheffen zich met veel contrast voor het donkergroene blad. Bovendien geuren ze sterk fruitig. De hoofdbloeitijd valt in de zomer; in de late zomer volgt meestal een kleine nabloei.

BIJZONDERE EIGENSCHAPPEN: de 'Leander' heeft kerngezond blad, dat goed bestand is tegen rozenziekten. De roos lijkt bijzonder veel op zijn voorvader, de 'Charles Austin', maar de bloemen van de 'Leander' zijn fijner en kleiner en bovendien in perfecte symmetrie opgebouwd.

GEBRUIK: de weelderige struik kan alleen of in groepen worden geplaatst en is geschikt voor perken en grotere vlakken. Wat meer planten hebben direct veel plaats nodig. De roos harmonieert uitzonderlijk goed met andere grote struiken. Prachtig als kuipplant en als hoogstamroos.

Standplaats:
☼

Eigenschappen:
✿✿✿ ⌒

Toepassing:
🪣 ⚘ ✕

Rosa 'Mary Rose'

Standplaats:

Eigenschappen:

Toepassing:

HERKOMST: gekweekt, Austin 1983.

GROEI: bossig, goed vertakt, opgaande groei, niet zo sterk, gemiddeld snel groeiend; 1-1,20 m hoog en breed.

BLOEI: de gevulde, middelgrote bloemen tonen een krachtig roze met een donkerder midden. Ze hebben het uiterlijk van oude rozen en geuren net zo delicaat. Vormen een harmonieus geheel met het glanzende blad, dat niet te donker en niet te lichtgroen is.

BIJZONDERE EIGENSCHAPPEN: de bloeitijd begint vroeg in de zomer en eindigt laat. Omdat de nabloei al snel begint, lijkt de roos doorbloeiend te zijn. De bloemen zijn behoorlijk regenbestendig. De plant zelf is niet bevattelijk voor rozenziekten.

GEBRUIK: als solitair is de roos al decoratief, maar in een kleine groep is het effect bijzonder fraai. Op één vierkante meter passen twee tot drie planten. De roos groeit zelfs op zeer zonnige, hete plaatsen nog naar tevredenheid. Als kuipplant heeft hij een betoverend effect op terras en balkon. Ook mooi als hoogstamroos. Lang houdbaar op de vaas.

Gelijkende soorten: de donkerroze bloeiende 'Portmeiron' wordt 90 cm hoog en breed en past daarom goed in kleinere tuinen.

Engelse rozen in de regen

De weelderige bolvorm van Engelse rozen is schitterend om te zien, maar als die zich bij een regenbui vol water zuigt, wordt hij ongelooflijk zwaar. Bij struiken met overhangende takken buigen de laatste dan onder dit gewicht door. Als u in een gebied woont waar het vaak regent, kunt u beter kiezen voor struiken met een meer opgaande groei, zoals de 'Mary Rose'. Soorten met zo'n groeiwijze laten zich uitstekend aan de rand van een vijver planten. Laat dan wat takken overhangen, die spiegelen zich dan in het water.

Rosa 'Othello'

Standplaats:

Eigenschappen:

Toepassing:

HERKOMST: gekweekt, Austin 1986.

GROEI: struikvormig, opgaande groei, dicht bossig, veel doorns, 1-1,20 m hoog en circa 90 cm breed.

BLOEI: de bloem is donker karmozijnrood dat later in de bloei overgaat in een paarsachtige tint. Sterk gevuld, waarbij de buitenste bloemblaadjes decoratief iets naar buiten toe omkrullen. Met een diameter van 12-14 cm zijn ze zeer groot. Hun geur doet sterk aan oude rozen denken. Hij begint laat met bloeien, maar bloeit dan wel een aantal keer.

BIJZONDERE EIGENSCHAPPEN: de dieprode bloemen tonen in het hart ook kleurnuances die richting kersenrood en mauve gaan. De kleuren zijn een voornaam accent bij het donkergroen blad. De soort is helaas gevoelig voor meeldauw.

GEBRUIK: de 'Othello' kan goed alleen staan, maar staat beter in kleine groepen in een perkje of in de vorm van een haag. Wij adviseren één tot twee planten per vierkante meter. Omdat de roos niet zo groot wordt, is hij ideaal voor kleinere tuinen en kuipen. De barokke bloemen zijn geëigend voor boeketten en bloemstukken, en met hun buitengewone kleur en geur stellen ze ook in rozenrecepten niet teleur.

Rozenblaadjes professioneel drogen

Met gedroogde bloemblaadjes kunt u briefpapier decoreren, thee- en windlichtjes een warme, roze gloed geven en nog veel meer. Pluk in de vroege morgen rozen die volgroeid zijn; de dauw moet wel al weggetrokken zijn. Trek de blaadjes uit de roos, leg ze naast elkaar op keukenpapier en laat ze één tot twee uur voordrogen. Direct daarna volgt de tweede stap: schep wat silicagel (ontwaterd kiezelzuurzout) in een brede pot (die luchtdicht afsluitbaar is), waar u wat waspoeder aan hebt toegevoegd. Verdeel de bloemblaadjes voorzichtig over het laagje gel en bedek vervolgens ook de bloemblaadjes met een laagje. Maak zo een paar lagen. Sluit de pot af en laat hem vijf tot zeven dagen bij kamertemperatuur staan. Als de blaadjes goed droog zijn, zijn ze klaar voor gebruik.

Rosa 'Pretty Jessica'

HERKOMST: gekweekt, Austin 1983.

GROEI: bossig, laag, compact, circa 75 cm hoog en 60 cm breed.

BLOEI: de sterkgevulde bloemen stralen met hun warme roze tint, die doet denken aan die van centifoliarozen. Ze ontvouwen zich komvormig en bloeien uit in dichte rozetten. Ze verschijnen onuitputtelijk de hele zomer en verspreiden bovendien een intense geur. Ze steken mooi af tegen het blad, dat niet te donker en niet te licht groen is.

BIJZONDERE EIGENSCHAPPEN: deze afstammeling van de 'Wife of Bath' is naast zijn nostalgische bloeiwijze in de trant van oude rozen met name geliefd om zijn compacte vorm. Helaas is het blad nogal bevattelijk voor rozenziekten. Een rozenvriendelijke standplaats vormt als altijd de beste voorzorg.

GEBRUIK: de kleine roos heeft weinig plaats nodig en is daarom erg geschikt voor kleinere tuinen. In kleine groepen van drie tot vijf planten vult hij al snel een perkje. Staat ook goed in kuip of pot op terras of balkon en levert prachtige snijbloemen.

GELIJKENDE SOORTEN: voor de kleinere tuin zijn ook de donkerrode 'Prospero' of de abrikooskleurige 'Tamora' geschikt.

SAMEN STERK

Een kleine rozengroep brengt algauw een romantische sfeer in de tuin, want die valt nu eenmaal – afgezien van rozen in kuip of pot – meer op dan een roos alleen. Wanneer u binnen de groep een onderlinge afstand van 50 cm aanhoudt (bij groter soorten uiteraard meer) groeien de rozen algauw uit tot een dicht, mooi gevormd rozengeheel. De zachte bloemvormen van Engelse rozen kunt u benadrukken door toevoeging van sfeervolle, romantische tuinornamenten, zoals zuilen en stenen beelden.

Rosa 'Redouté'

HERKOMST: gekweekt, Austin 1992.

GROEI: bossig, goed vertakt, opgaande groei; niet zo sterk en gemiddeld snel groeiend; circa 1,20 m hoog en breed.

BLOEI: de sterkgevulde, middelgrote bloemen zijn zachtroze van kleur, de buitenste bloemblaadjes zijn bijna wit. Ze hebben het uiterlijk en de bescheiden geur van oude albarozen. Met het groene, glanzende blad belichamen ze de perfecte harmonie.

BIJZONDERE EIGENSCHAPPEN: deze roos, genoemd naar de beroemde rozenschilder (aan het hof van de Franse keizerin Joséphine) is een sport van de rozerode 'Mary Rose'. Op het kleurverschil na zijn ze nagenoeg gelijk. Bloeien vroeg en bijna ononderbroken tot eind zomer. De bloemen zijn regenbestendig, het blad is goed gezond.

GEBRUIK: als solitair of in kleine groepen is hij uitermate geschikt voor in perken. Op één vierkante meter passen twee tot drieplanten. Deze roos tolereert zelfs een zonnige, hete standplaats. Zowel in een kuip als in de tuin brengt hij als hoogstamroos bijzondere accenten aan in de tuin. Mooie snijbloem die lang op de vaas staat.

Rosa 'Scepter d'Isle'

HERKOMST: gekweekt, Austin 1996.

GROEI: opgaande groei, smal, 90 cm hoog, tot 75 cm breed.

BLOEI: de zachtroze bloemen zijn relatief klein, maar talrijk. Ze bloeien komvormig open en bieden dan zicht op de gele meeldraden in het hart. Hun geur van mirre is typerend voor Engelse rozen en herinnert aan de 'Constance Spry'.

BIJZONDERE EIGENSCHAPPEN: een doorbloeiende soort die een zee van effen roze bloemen boven het donkergroene blad laat hangen en zo op een bijzondere manier naar voren treedt.

GEBRUIK: de smal groeiende roos past goed in perken en borders, waar hij in kleinere groepen het mooist tot uiting komt; twee tot drie planten maken samen snel een dichte struik. Als hoogstamroos met een stamhoogte van 1,20 m en een volle kroon of als kuipplant vormt hij een opvallend kleuraccent in uw tuin. Geeft mooie, sterke snijbloemen.

GELIJKENDE SOORTEN: voor liefhebbers van de geur van mirre adviseren wij de zachtroze, naar wit verbloeiende 'St. Swithun'.

Standplaats:
☼

Eigenschappen:
❀ ❀ ↄ

Toepassing:
🪣 ⚱ ✂ ✕

Rosa 'Shropshire Lass'

HERKOMST: gekweekt, Austin 1968.

GROEI: opgaande en krachtige groei, tot 2,50 m hoog en 1,80 m breed, in warmere klimaten hoger.

BLOEI: de grote, halfgevulde bloemen zijn zachtroze, verbleken naarmate de bloei vordert en worden dan bijna wit. Ze ontvouwen zich komvormig en tonen dan hun goudgele meeldraden. Licht geurend. Eenmalig bloeiend in de vroege zomer.

BIJZONDERE EIGENSCHAPPEN: een bijzondere kruising van de roze bloeiende theehybride 'Mme Butterfly' en *Rosa* x *alba* 'Mme Legras de St. Germain' met de citroengele bloemen. De overeenkomst met de albaroos is nauwelijks te miskennen, gezien de gezondheid van de soort, zijn lage bevattelijkheid voor ziekten en betrouwbare bloei.

GEBRUIK: de roos kunt u vanwege zijn krachtige opgaande groei niet alleen als struik maar ook als klimroos toepassen. Voor een voldoende levendig effect in een perk adviseren we er minimaal twee bij elkaar te zetten. In rijen maakt hij een natuurlijke, leuke haag. De roos groeit ook aan de rand van struiken en heesters en op voedselarme grond.

GELIJKENDE SOORTEN: ook de 'Constance Spry' (zie blz. 134) en 'Snow Gloss' zijn eenmalig bloeiend en kunnen als struik en als klimplant worden geplant. De 'Snow Gloss' met zijn kleine, gevulde bloemen in helderwit vormt daarbij een mooie overgang tussen de beide roze bloeiende soorten.

MOETEN EENMALIG BLOEIENDE SOORTEN WORDEN TERUGGESNOEID?

Normaal gesproken worden eenmalig bloeiende soorten niet gesnoeid, omdat hun bloemen aan de uitlopers van het jaar ervoor groeien. Maar bij oudere exemplaren kunt u wat uitgebloeide zijscheuten terugsnoeien tot op twee tot drie ogen; uitlopers van het jaar zelf moeten altijd blijven staan. Bij de 'Shropshire Lass' moet u inderdaad snoeien, want anders bloeit hij na een paar jaar alleen nog aan de uiteinden en gaat hij er 'leeg' uitzien.

Rosa 'The Dark Lady'

Standplaats:

Eigenschappen:

Toepassing:

HERKOMST: gekweekt, Austin 1991. Ook bekend als 'Dark Lady' (zonder 'The').

GROEI: opgaande groei, breeduit groeiend en bossig, 90 cm hoog, 90-110 cm breed.

BLOEI: de gevulde, donker karmijnrode bloemen doen denken aan pioenrozen. Ze zijn heel groot en losjes van structuur, waarbij de bloemblaadjes licht terugvallen. De roos verspreidt een sterke geur. Het donkergroene blad vormt de perfecte basis voor het rood van de bloemen. De soort groeit een paar keer in het seizoen.

BIJZONDERE EIGENSCHAPPEN: deze afstammeling van de rozerood bloeiende 'Mary Rose' en de rode 'Prospero' overtuigt door het warme rood van zijn bloemen. Qua groeiwijze en bloemvorm lijkt hij op de 'Mary Rose'.

GEBRUIK: de in de breedte groeiende, lage struik dient uitstekend voor het laten begroeien van grotere vlakken. Ook als bouwer van open hagen is deze roos geschikt. U kunt de roos het beste in kleine groepen planten, waarbij drie stuks algauw één dichte struik vormen. Groeit ook goed in grote bloemtroggen en kuipen. Tevens verkrijgbaar als hoogstamroos met een stamhoogte van 1,20 m.

GELIJKENDE SOORTEN: de sterkgeurende 'Falstaff' overweldigt met grote, gevulde bloemen in intens diep karmozijnrood, dat later overloopt in purper. Deze roos wordt circa 1 m hoog en breed. De bloemen van de 'Tess of the d'Urbervilles' stralen eveneens in een krachtig karmozijnrood en verspreiden ook een intense geur; groeit compact, tot 90 cm hoog en 60 cm breed met elegant overhangende takken.

ROOD ZET EEN PUNT

Krachtig rode rozen brengen in tuin en op balkon of terras een authentieke levendigheid. Ze verlangen wel dat hun buren wat kleurkeuze betreft wat inschikken. Bij knalrood passen vooral witte rozen en violette, paarse en mauve kleurtonen. Wit en geel zorgen voor een sterk contrast.

Rosa 'The Pilgrim'

HERKOMST: gekweekt, Austin 1991. In Duitsland heet de roos 'Gartenarchitekt Günther Schulze'.

GROEI: bossig, opgaande groei, krachtig groeiend, wordt 1,10 m hoog en breed.

BLOEI: de gevulde bloemen bevatten talrijke, zijdezachte bloemblaadjes in geelwit. Naar buiten toe worden ze snel witter. De bloemen openen zich vlak rozetvormig en verspreiden een sterke geur. De glanzend groene bladeren vervolmaken het kleureffect.

BIJZONDERE EIGENSCHAPPEN: een kruising van de bekende soorten 'Graham Thomas' en 'Yellow Button': gezond, robuust en doorbloeiend. De roos heeft de groep romantische rozen op kleurgebied uitgebreid, omdat geel nog niet voorkwam bij oude rozen.

GEBRUIK: in groepen voor perken en in rijen voor open hagen. Vanwege zijn compacte groei ook als kuipplant aan te raden. Het zachtgeel laat zich goed met andere bloemkleuren combineren. Bij de bolronde bloemen komen lineaire vormen goed tot hun recht, die van koningskaars (aronsstaf) en montbretia.

Rosa 'The Prince'

Herkomst: gekweekt, Austin 1990.

Groei: laag, bossig, afhankelijk van de plantdichtheid circa 75 cm hoog en 60-90 cm breed.

Bloei: de gevulde bloemen zijn in het begin diep karmozijnrood en hullen zich gaandeweg in een stralend purper. Ze zijn komvormig en ontvouwen zich in grote, gelijkmatig gevormde rozetten waarbij meestal een groen hart zichtbaar wordt. De bloemen staan in stijlvol boven het donkergroene blad. En: de zware geur van oude rozen maakt het plaatje compleet.

Bijzondere eigenschappen: een doorbloeiende roos met een exceptionele kleur. Het karmozijnrood herinnert aan oude gallicarozen.

Standplaats:
☼

Eigenschappen:
❀ ❀ ↻

Toepassing:
🧺 ✂ ✕

LAGE ROZEN ALS VORMGEVERS
Lage soorten zoals 'The Prince' zijn met name geschikt voor randafwerking van borders en voor het omzomen van tuinpaden.

Gebruik: de compacte roos is erg fraai in kleine groepen. Hij past in perken en borders en maakt open hagen. Als kuipplant gedijt de plant op balkon en terras. Prachtige snijbloem.

Rosa 'Wife of Bath'

Standplaats:

Eigenschappen:

Toepassing:

HERKOMST: gekweekt, Austin 1969.

GROEI: bossig, goed vertakt maar toch compact, overhangende takken, 80-100 cm hoog en 60 cm breed.

BLOEI: de bloemblaadjes hebben een boeiend kleurenpalet. De binnenzijde toont een sprankelend donkerroze, terwijl de buitenzijde wat lichter roze is. De komvormige bloemen zijn half gevuld en geuren naar mirre. Ze zijn mooi verdeeld boven het kleine, heldergroene blad en verschijnen bijna ononderbroken.

BIJZONDERE EIGENSCHAPPEN: dankzij de compacte groei een ideale roos voor kleine tuinen en kuip of pot. Hoewel hij klein is, is hij zeer robuust. Afgestorven uitlopers kunt u gewoon verwijderen, want de plant loopt snel weer uit.

GEBRUIK: de roos is mooi als solitair, maar scoort beter in een groepje van drie tot vijf stuks. Houd één tot twee planten per vierkante meter aan als goede maat. De plant is geschikt voor perken en borders, maar kan een open haag realiseren. Uitstekende kuipplant en snijbloem.

GELIJKENDE SOORTEN: bij ruimtegebrek kunt u kiezen voor de 'Cottage Garden' met stralend roze rozetten.

Rosa 'Winchester Cathedral'

HERKOMST: gekweekt, Austin 1988.

GROEI: struikvormig, 1,20 m hoog en breed.

BLOEI: witte, gevulde bloemen, licht geurend. In de late zomer laten ze in het hart vaak een gele kleurtoon zien. De roos bloeit in mooie zomers aan één stuk door.

BIJZONDERE EIGENSCHAPPEN: de 'Winchester Cathedral' behoort tot de mooiste witte Engelse rozen. De soort is een volgeling en ook een sport van de rozerood bloeiende 'Mary Rose', waarop hij dan ook in hoge mate – op de kleur na – lijkt.

GEBRUIK: de decoratieve struik legt als solitair of in een groep duidelijk accenten. Met zijn witte bloemen vormt hij een sterk contrast tegen een achtergrond van struiken en licht hij donkerder hoeken op. Geschikt voor in een kuip. Verkrijgbaar als hoogstamroos.

GELIJKENDE SOORTEN: de 'Glamis Castle' heeft dezelfde betoverend witte bloemen, die bovendien sterk naar mirre geuren. Met een hoogte van circa 90 cm beduidend kleiner; de ideale keus voor kleine tuinen en plantenbakken.

Standplaats:
☼

Eigenschappen:
✿✿ 🍃

Toepassing:
🪴 🌱

GROOT(S) EFFECT MET BODEMBEDEKKENDE ROZEN

Onder deze groep vallen alle robuuste en weinig verzorging behoevende soorten die snel en moeiteloos grote en minder grote vlakken bedekken. Bij de openbare tuinaanleg zijn ze niet meer weg te denken en ook in privé-tuinen zijn ze geliefd. Er is nauwelijks een andere rozengroep die zo veelzijdig is als deze. De groeiwijzen lopen uiteen van dicht over de grond tot struikvormig met hangende takjes. Het overgrote deel bestaat uit lage, bossig groeiende heesters die binnen bescheiden tuinaanleg een goed alternatief zijn voor grotere heesterrozen. Andere benamingen zijn 'kruiproos' en 'kruipende roos' of kortweg 'bodembedekker'. Het kleurenspectrum omvat hoofdzakelijk roze tinten; daarnaast zijn er witte, rode en gele soorten. Ze laten zich onderling en met andere struiken uitstekend combineren, waarbij ze het goed doen op open plekken of aan randen. Donkere kleuren als blauw of paars zorgen voor het meeste contrast. Ook al lijken bodembedekkers onverwoestbaar, houd wel de volgende richtlijnen aan. De standplaats moet zonnig en onkruidvrij zijn. Als u tussen de struiken een laagje boomschors strooit, bespaart u zich het onkruid wieden. Dat is overigens alleen in het begin nodig, wanneer de planten de grond nog niet geheel bedekken. Wortelechte soorten zijn zeer robuust. Zij zijn door stekken vermeerderd – niet veredeld – en hoeven daarom in de winter niet per se aangeheuveld te worden. Bodembedekkende rozen kunt u in een cyclus van vier tot vijf jaar verjongen, wat wil zeggen tot op circa 30 cm terugsnoeien.

Rosa 'Aspirin-Rose'

HERKOMST: gekweekt, Tantau 1997.

GROEI: breed en bossig, 60-80 cm hoog, 40 cm breed (groep 3).

BLOEI: rijkbloeiende floribundaroos met witte, gevulde bloemen. Ze maken dichte trossen en bedekken de felgroene bladeren bijna volledig. Bij kou worden de bloemen zachtroze.

BIJZONDERE EIGENSCHAPPEN: deze robuuste en weinig verzorging vragende roos bloeit ononderbroken de hele zomer door. Is inzetbaar als bodembedekkende roos en als perkroos. Voor zijn uitstekende eigenschappen ontving de roos in 1995 het ADR- en in 2003 het Toproospredikaat.

GEBRUIK: de soort is zeer veelzijdig. Het is een mooie solitair en daarom ook geschikt voor een kuip of pot. Hij is ook als hoogstamroos in de handel. In groepen geplant geeft de roos diepte aan een tuin. Ook geschikt voor beplanting van hellingen of als hangende roos. Wat betreft de standplaats is hij ongelooflijk makkelijk: de bloemen zijn regenbestendig en bloeien ook goed in vochtiger streken, de roos verdraagt zeer warme, zonnige dagen en gedijt ook in de halfschaduw.

BODEMBEDEKKENDE ROZEN WORDEN NAAR GROEIWIJZE INGEDEELD:

Groep 1: vlak over de grond liggend, langzaam groeiend; aanbevolen hoeveelheid is 3-4 planten per vierkante meter.

Groep 2: strak opgaande groei; aanbevolen hoeveelheid is 2-3 planten per vierkante meter.

Groep 3: laag, bossig; afhankelijk van de gewenste plantdichtheid is de aanbevolen hoeveelheid 2-4 planten per vierkante meter.

Groep 4: hoge, opgaande groei met licht overhangende takken; de plantafstand bedraagt de helft van de hoogte van de volwassen plant.

Groep 5: vlak over de grond kruipend, snel groeiend; de plantafstand meet u af aan de taklengte en aan hoe snel u een vlak dicht wilt.

Rosa 'Ballerina'

Standplaats:

Eigenschappen:

Toepassing:

HERKOMST: gekweekt, Bentall 1937.

GROEI: opgaand tot overhangend, dicht vertakt, 70-90 cm hoog en breed (groep 4).

BLOEI: enkelbloemig; de karmozijnroze bloemen met wit hart maken enorme bloemtrossen aan het eind van een tak. De takken buigen onder de last door. Na de rijke hoofdbloei bloeien ze ononderbroken verder.

BIJZONDERE EIGENSCHAPPEN: deze afstammeling van de muskusroos heeft vele talenten. Natuurvrienden zullen verliefd hem worden omdat hij bijen en hommels blijft aantrekken dankzij zijn niet-aflatende ijver om gelijk met de bloemenovervloed een overvloed aan nectar te bieden.

VRUCHTEN: talrijke bottels.

GEBRUIK: als solitair en als groep trekt de roos alle blikken naar zich toe. Hij voegt zich goed in soepele hagen, bedekt taluds en bermen, groeit in de halfschaduw en de volle zon. Omdat de roos weinig verzorging vraagt, is hij een goede keus voor beplanting bij graven. Als bodembedekker raden wij twee tot drie planten per vierkante meter aan. In een kuip staat de roos goed als struik of hoogstamroos.

Rosa 'Fair Play'

HERKOMST: gekweekt, Ilsing/Interplant 1977.

GROEI: breeduit en bossig, takken lang en overhangend, 1-1,50 m hoog en 80-100 cm breed (groep 4).

BLOEI: felrood met naar het midden toe wit, de gele meeldraden zijn duidelijk zichtbaar. De bloem is halfgevuld en opent zich komvormig. De diameter is circa 7 cm. De dichte trossen worden gevormd door talrijke bloemen, en laten zich qua kleur goed portretteren tegen het matte, donkergroen van het blad.

BIJZONDERE EIGENSCHAPPEN: robuuste, niet-veeleisende bodembedekker.

GEBRUIK: een goede keuze voor beplanting van grotere vlakken, ze groeien het vlak snel dicht en behoeven weinig verzorging. Als begroeiing van taluds en bermen zeer geschikt, ook zeer decoratief als lage struikroos in een perk.

GELIJKENDE SOORTEN: de 'Rosy Carpet', van dezelfde kweker, ziet er nagenoeg hetzelfde uit als de 'Fair Play'. Groeit breed en bossig maar compact, en wordt tot 1,20 m hoog. De eenvoudige, komvormige bloemen vertonen een helder karmozijnroze met een wit hart, en geuren als wilde rozen.

Standplaats:
☼

Eigenschappen:
❀❀

Rosa 'Fleurette'

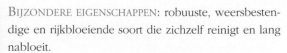
HERKOMST: gekweekt, Ilsing/Interplant 1977.

GROEI: opgaand met overhangende takken, breeduit en sterk vertakt, 1-1,20 m hoog en 1,20-1,40 m breed (groep 4).

BLOEI: enkelbloemig; de komvormige bloemen zijn uit vijf bloemblaadjes samengesteld die aan de randen felroze met karmozijnrood zijn en naar binnen toe meer wit. Ze zijn 3-5 cm breed en zitten met tien tot twaalf stuks in een los trosje bij elkaar. Licht geurend.

VRUCHTEN: bijzonder veel bottels.

BIJZONDERE EIGENSCHAPPEN: robuuste, weersbestendige en rijkbloeiende soort die zichzelf reinigt en lang nabloeit.

GEBRUIK: deze vaker bloeiende roos van het formaat struikroos is uitstekend geschikt voor de begroeiing van grotere vlakken en taluds. Past ook goed in hagen en perken en laat zich prima door andere planten vergezellen. Staat erg mooi vóór struiken. Afhankelijk van het doel zijn één tot twee planten per vierkante meter voldoende.

Rosa 'Gärtnerfreude'

HERKOMST: gekweekt, Kordes 1999.

GROEI: laag, breed en bossig maar compact, 50 cm hoog en breed (groep 3).

BLOEI: kleine, frambozenrode, gevulde bloemen. Ze groeien in trossen en behouden hun kleur tot aan het verwelken.

BIJZONDERE EIGENSCHAPPEN: de soort doet zijn naam alle eer aan. De roos behoort tot de groep van de bijzonder sterke Rigo®-rozen, die niets te lijden hebben van slecht weer. Daarom is deze roos bijzonder aan te raden voor regenachtige gebieden. Naast talrijke andere onderscheidingen werd hij in 2001 bekroond met het ADR-predikaat.

GEBRUIK: omdat de roos in hoog tempo lege vlakken vult, is hij net zo geliefd in privé-tuinen als bij de openbare tuinaanleg. Voor een dicht plantendek hebt u drie tot vier planten per vierkante meter nodig. De soort is ook geschikt voor ruime plantenbakken. Tevens verkrijgbaar als hoogstamroos.

GELIJKENDE SOORTEN: de 'Mainaufeuer' bloeit ononderbroken met bloedrode, gevulde bloemen. De plant wordt 50 cm hoog en spreidt een deken van bloemen uit die in de breedte blijft groeien.

Standplaats:
☼

Eigenschappen:
❀❀

Toepassing:
🪴 🌱

Rosa 'Gelbe Dagmar Hastrup'

Standplaats:

☼ – ☀

Eigenschappen:

HERKOMST: gekweekt, Moore 1989. Afstammeling van de rimpelroos of Japanse bottelroos (*Rosa rugosa*)

GROEI: opgaande groei, 60-80 cm hoog en breed (groep 2).

BLOEI: de gele, enkele bloemen groeien alleen of in trossen aan het eind van de steel en verspreiden een aangename geur. Bloeit na de hoofdbloei in de zomer nog na.

VRUCHTEN: talrijke grote bottels met een diameter van circa 2,5 cm.

BIJZONDERE EIGENSCHAPPEN: voor ziekten uiterst ongevoelige, wortelechte bodembedekker, winterhard en tolerant tegenover een zoutbevattende bodem. Is als pollenleverancier populair bij bijen en hommels. Daar komt nog een verrassing van het blad bij, dat in de herfst mooi geel verkleurt.

GEBRUIK: u kunt deze rozen apart of in groepen plaatsen op een plat vlak, maar ook op taluds of bermen, of als haag, bij terrassen en bij graven, waar hij in een mum van tijd de grond bedekt. Kan ook in de halfschaduw.

GELIJKENDE SOORTEN: de 'Dagmar Hastrup' is enkelbloemig, heeft een roze kleur en geurt bescheiden. De roos groeit opgaand en – afhankelijk van de plantafstand – tot 60-100 cm hoog.

ZO STERK ALS EEN RIMPELROOS

Afstammelingen van de rimpelroos of Japanse bottelroos (*Rosa rugosa*) zijn uitzonderlijk ongevoelig voor rozenziekten en zeer winterhard. De wortelechte soorten verdragen tevens zout in de grond. Maar ze zijn ook een lust voor het oog. Ze hebben prachtige enkele bloemen, verspreiden een aangename geur en nemen afscheid van de zomer door het blad geel te laten verkleuren als het kouder wordt. Tegelijkertijd groeien er zeer vele, grote bottels aan de struiken. Ze vormen een geliefd oord voor bijen en ook andere kleine dieren kunnen het hele jaar bij ze terecht. Helaas zijn de bloemen gevoelig voor regen en kalk; dat laatste is te herkennen aan het vroegtijdig vergelend blad. Als u wilt dat de rozen er vol uit blijven zien, moet u ze jaarlijks terugsnoeien.

Rosa 'Heidekönigin'

Standplaats:

Eigenschappen:

Toepassing:

HERKOMST: gekweekt, Kordes 1985.

GROEI: bodembedekkend uitbreidend, tot 2 m lange, gebogen takken, circa 50 cm hoog (groep 5).

BLOEI: de gevulde bloemen in puur roze openen zich op het toppunt van de bloei tot in het hart. Ze worden tot 8 cm breed en geuren zacht naar wilde rozen. De fijnvertakte uitlopers, die de sierlijke bloemtrossen dragen, hangen over het algemeen naar de grond toe.

BIJZONDERE EIGENSCHAPPEN: door de krachtige groei is de soort meer geschikt voor grotere vlakken dan voor kleine tuinen. De boogvormige uitlopers met daaraan de bloemenweelde bieden een prachtige aanblik.

GEBRUIK: mooie bodembedekker voor het begroeien van grotere stukken. De lange takken kunt u eventueel opbinden tegen een hekwerk of frame. Ook als hoogstamroos verkrijgbaar.

GELIJKENDE SOORTEN: de 'Immensee' (enkelbloemig, paarlemoer roze, eenmalig bloeiend) en de 'Marondo' (stralend roze, halfgevuld) groeien eveneens zeer snel en kunnen ook als klimroos worden opgevoed.

Rosa 'Heidetraum'

HERKOMST: gekweekt, Noack 1988.

GROEI: breeduit en bossig, takken overhangend en tot 1,20 m lang, 70-80 cm hoog (groep 3).

BLOEI: de halfgevulde bloemen stralen in een krachtig karmozijnroze. Tot wel 25 bloemen in de grote trossen, die het dichte groen maandenlang overhuiven.

BIJZONDERE EIGENSCHAPPEN: zoals alle soorten van het Flower-Carpet-assortiment is ook de 'Heidetraum' immuun voor meeldauw en sterroetdauw. In 1990 verkreeg deze zeer bekende roos het ADR- en in 2003 het Toproospredikaat.

GEBRUIK: deze robuuste bodembedekker vraagt nauwelijks verzorging. Met drie planten per vierkante meter hebt u snel een begroeid geheel. Geschikt voor hellingen, bij graven, groeit in kuipen, troggen en hangmanden en is te koop als hoogstamroos.

GELIJKENDE SOORTEN: andere vrolijke Flower-Carpet-soorten zijn de 'Alcantara' (donkerrood), de 'Celina' (geel), de 'Heidefeuer' (stralend rood), de 'Medusa' (lavendelroze, gevuld) en de Schneeflocke' (puur wit).

Standplaats:
☀

Eigenschappen:
❀❀

Toepassing:
🪴 🌱

Rosa 'Lavender Dream'

HERKOMST: gekweekt, Interplant 1985.

GROEI: eerst bossig en opgaand, later breed struikvormig, de takken buigen naar de grond toe onder de zwaarte van de bloemen, 60-100 cm hoog (groep 4).

BLOEI: uit de bolvormige, rode knoppen ontwikkelen zich lavendelkleurige, halfgevulde bloemen met een bescheiden geur. Ze ontvouwen zich komvormig en bereiken dan een diameter van circa 5 cm. In dit stadium zijn ook de gele meeldraden goed te zien. De overdadige bloemtrossen zijn samengesteld uit talrijke aparte bloemen.

BIJZONDERE EIGENSCHAPPEN: vanwege de spectaculaire kleurstelling en het sterke bloeikarakter ontving deze wortelechte soort in 1987 het ADR-predikaat.

GEBRUIK: vroeg bloeiende, weinig verzorging vragende bodembedekker voor een plaatsje alleen of voor het begroeien van grotere tuinoppervlakken; tevens geschikt voor hellingen. Als bodembedekker zijn twee tot drie planten per vierkante meter genoeg. Prima te combineren met andere planten en lage struiken. Verdraagt de hitte op het zuiden en is zelfs geschikt voor daktuinen.

Rosa 'Lovely Fairy'

HERKOMST: gekweekt, Vurens/Spek 1992.

GROEI: laag, bossig vertakt, uitbreidende groei, 60-80 cm hoog en breed (groep 3).

BLOEI: de gevulde bloem is eerst krachtig donkerroze, opent zich later komvormig, wordt dan lichter en onthult dan een witachtig hart. De bloemen hebben een diameter van 2-2,5 cm en zijn daarmee klein, maar dat wordt ruimschoots gecompenseerd met de overvloedige bloemtrossen. Vaker bloeiend, bloei zet laat in.

BIJZONDERE EIGENSCHAPPEN: een afstammeling van de bekende bodembedekker 'The Fairy', maar bloeit nog rijker. Kan tegen flinke hitte, is regenbestendig en vraagt nauwelijks verzorging.

GEBRUIK: u kunt de roos individueel of in groepen plaatsen, zowel in de zon als in de halfschaduw. Voor een dicht plantendek zijn drie tot vier planten per vierkante meter genoeg. Ze laten zich goed in een heidetuin integreren. Op plaatsen waar de planten moeten afhangen, zijn wortelechte exemplaren te verkiezen. De roos is als dwerggroos, lage en hoge stamroos te koop en is geschikt voor kuipen en daktuinen.

Standplaats:
☀ – ☀

Eigenschappen:
✿✿✿

Toepassing:
🪴 🌱

Rosa 'Magic Meidiland'

HERKOMST: gekweekt, Meilland/BKN Strobel 1992.

GROEI: vlak struikvormig, takken tot 1,20 m lang, gemiddeld 40-50 cm hoog (groep 5).

BLOEI: krachtig roze, sterkgevulde bloemen die zich komvormig openen. Hun diameter is circa 4 cm. Eén steel draagt tot vijftien bloemen, die geuren naar lindebloesem.

BIJZONDERE EIGENSCHAPPEN: deze robuuste bodembedekker behaalde vanwege zijn vele positieve eigenschappen in 1995 het ADR-predikaat. Kenmerkt zich door zijn hoge resistentie tegen meeldauw en sterroetdauw.

GEBRUIK: robuuste, winterharde bodembedekkende roos, die zelfs geen moeite heeft met plaatsen waar veel uitlaatgassen hangen, in de buurt van wegen. Bedekt de grond snel en vraagt nauwelijks verzorging.

GELIJKENDE SOORTEN: de Franse rozenveredelaar Meilland heeft met de Meidiland-groep een belangrijk spectrum aan bodembedekkers toegevoegd. Ze zijn doorbloeiend, vorst-, regen- en hittebestendig. Hiernaast ziet u een selectie uit het assortiment.

DE MEIDILAND-ROZEN

'Alba Meidiland': witte, gevulde bloemen; bossig groeiend, 80-100 cm hoog.

'Bingo Meidiland': enkelbloemig; roze bloemen; bossig groeiend, 40-60 cm hoog; ADR-predikaat 1994.

'Colossal Meidiland': grote, donkerrode, gevulde bloemen; opgaande groei en bossig, 60-80 cm hoog.

'Lovely Meidiland': helderroze, sterkgevulde bloemen; bossig vertakt, 40-50 cm hoog.

'Phlox Meidiland': enkelbloemig; roze bloemen met een lichter hart; lijken op een wilde roos; struikvormig, 60-80 cm hoog.

'Pink Meidiland': enkelbloemig; rozewitte bloemen; 60-80 cm hoog met overhangende takken.

'Red Meidiland': enkelbloemig; rode, komvormige bloemen; laag en bossig groeiend, 40-50 cm hoog.

Rosa 'Max Graf'

Standplaats:
☀

Eigenschappen

HERKOMST: gekweekt, Bowditsch 1919. Voorouders zijn waarschijnlijk *Rosa rugosa* x *Rosa wichuraiana*.

GROEI: breed en bossig, sterk groeiend met gedeeltelijk over de grond liggende en gedeeltelijk boogvormig groeiende takken van 1-3 m. Bij een ruime plantafstand wordt het plantendek 30-40 cm hoog, bij dichtere beplanting liggen de rozen op een hoogte van 50-60 cm (groep 5).

BLOEI: enkelbloemig; de bloemen zijn komvormig en hebben een diameter van 4-6 cm. Ze hangen alleen of in kleine trosjes boven gegroefde, glanzend donkergroene blaadjes. Op het hoogtepunt van de bloei lichten de bloemblaadjes wat op. De knoppen zijn karmozijnrood. De bloeitijd valt in juni.

BIJZONDERE EIGENSCHAPPEN: sterkgroeiende, eenmalig bloeiende bodembedekker die ook geschikt is voor extreme standplaatsen. Zeer winterhard.

GEBRUIK: een goede keus voor wie graag snel een laag en dicht plantendek wil. Is geschikt voor vlakke grond, maar ook voor hellingen en taluds. Reken op één tot twee planten per vierkante meter.

Hellingen bezorgen u misschien hoofdbrekens. Dat is niet nodig want met de inzet van bodembedekkers kunt u het nuttige met het aangename verenigen. Hun lange, liggende uitlopers maken daar waar ze contact met de grond hebben nieuwe wortels, en zetten zo zichzelf en de grond vast. Een betere bescherming tegen erosie is er niet. Het dichte plantendek houdt tegelijk onkruidgroei tegen. De wortelechte soorten bieden het voordeel dat u geen wilde scheuten hoeft te verwijderen. Ook hoeft u ze voor de winter niet aan te heuvelen, wat bij een dicht plantendek toch al onmogelijk zou zijn. Voor grotere vlakken zijn de soorten uit groep 5 geschikt, zoals de 'Max Graf', de 'Rote Max Graf' of de 'Weiße Max Graf'.

Rosa 'Mozart'

HERKOMST: gekweekt, Lambert 1937.

GROEI: struikvormig, opgaande groei, takken voor een deel overhangend, afhankelijk van de plantafstand 60-100 cm hoog en circa 60 cm breed (groep 4).

BLOEI: enkelbloemig; de komvormige bloemen zijn karmozijnrood, tonen een wit oog en gele meeldraden. Ze geuren zacht en hebben een diameter van 2-3 cm. Ze zijn dus relatief klein, maar verschijnen ononderbroken in dichte trossen.

BIJZONDERE EIGENSCHAPPEN: deze bijzondere telg van de *Rosa moschata* bezit een uitgesproken wilderozenkarakter en spreidt pure nostalgie tentoon. Hoewel het een oude soort is, wordt deze roos nog altijd gewaardeerd.

GEBRUIK: voelt zich als vlakke bodembedekker net zo prettig als solitair. Sommige kwekers delen hem daarom ook wel in bij de siersstruikrozen. Voor groepen rekent u drie tot vier planten per vierkante meter.

GELIJKENDE SOORTEN: de 'Cherry Meidiland' bloeit enkelbloemig; rood met een wit hart, groeit bossig 60-70 cm hoog.

Rosa 'Palmengarten Frankfurt'

HERKOMST: gekweekt, Kordes 1988.

GROEI: bossig tot struikvormig, met gedeeltelijk overhangende takken, al in zijn tweede jaar circa 70 cm hoog en tot 1 m breed (groep 3).

BLOEI: uit de druppelvormige, rode knoppen ontwikkelen zich gevulde bloemen in een krachtig roze. De bloemen zijn komvormig, hebben een diameter van 8-10 cm en hangen in dichte trossen boven het glanzend groene blad. Het roze steekt prachtig af tegen het groene blad.

Standplaats:
☼

Eigenschappen:
❀❀

Toepassing:

BIJZONDERE EIGENSCHAPPEN: deze robuuste, tot aan de herfst rijkbloeiende bodembedekker behoeft weinig verzorging. Ontving in 1992 het ADR-predikaat.

GEBRUIK: wie een snel groeiende, bloemrijke bodembedekker zoekt, treft het met deze roos. Voor een dicht plantendek hebt u aan één tot twee planten per vierkante meter genoeg. De soort is ook als hoogstamroos verkrijgbaar en is dan een zeer decoratieve kuipplant.

GELIJKENDE SOORTEN: de 'Mirato' is even sterk en vraagt net zo weinig verzorging. De halfgevulde bloemen zijn glanzend roze.

Rosa 'Roseromantic'

Standplaats:

Eigenschappen:

HERKOMST: gekweekt, Kordes 1984.

GROEI: struikvormig, breeduit en bossig met dunne, overhangende takken, tot 60 cm hoog en breed (groep 4).

BLOEI: enkelbloemig; de bloemen zijn eerst zachtroze en worden later witachtig roze. Ze zijn samengesteld uit vijf eivormige, iets gewelfde bloemblaadjes en groeien in dichte schermen. De gele meeldraden spelen met het roze van de bloemblaadjes een contrastrijk kleurenspel. De bloemen geuren zacht.

BIJZONDERE EIGENSCHAPPEN: deze soort verbindt het karakter van een wilde roos met een rijke, tot aan de herfst doorgaande bloei.

GEBRUIK: de roos verleent grotere vlakken een natuurlijke charme en laat zich prima door andere planten en lagere struiken vergezellen. Afhankelijk van het gewenste plantendek zet u vijf tot zes planten per vierkante meter in de grond. Bij een dichte beplanting worden de rozen dikwijls hoger dan 60 cm.

GELIJKENDE SOORTEN: de 'Relax Meidiland' (50-60 cm) heeft met zijn zalmroze bloemen de flair van oude rozen.

Rosa 'Rote Max Graf'

HERKOMST: gekweekt, Kordes 1980.

GROEI: liggende, sterk groeiende takken van 1-2 m lang, circa 50 cm hoog, bij dichtere beplanting tot 90 cm hoog (groep 5).

BLOEI: de stralend rode, fluwelige bloemen met het witte accent in het hart bevatten vijf gewelfde blaadjes. Ze behouden lang hun intense kleur en contrasteren in kleine trossen boven het donkergroene blad.

Standplaats:
☼

Eigenschappen:
❀ ❦

VRUCHTEN: talrijke bottels.

BIJZONDERE EIGENSCHAPPEN: een weinig veeleisende, zichzelf reinigende bodembedekker, die snel dichte tapijten weeft. Hij kenmerkt zich door een behoorlijke winterhardheid.

GEBRUIK: de soort begroeit met hetzelfde gemak privé-tuinen als het openbaar stadsgroen en is zeer geschikt voor op hellingen. Omdat hij een enorme uitbreidingsdrang bezit, is één plant per vierkante meter genoeg.

GELIJKENDE SOORTEN: de ideale aanvulling vormt de 'Weiße Max Graf': enkelbloemig, met komvormige, verblindend witte bloemen.

Rosa 'Sea Foam'

Standplaats:

Eigenschappen:

Toepassing:

HERKOMST: gekweekt, E.W. Schwartz 1964.

GROEI: breed en bossig tot struikvormig, compact, met eerst boogvormige, later liggende takken, tot 1,50 m lang en 50 cm hoog (groep 3).

BLOEI: de witte, gevulde bloemen zijn in het begin overtrokken met een zacht roze waas en kleuren later crèmewit. Ze groeien in trossen en verspreiden een zachte geur. Het leerachtige, sterk glanzende blad vult het kleurenpalet bescheiden aan.

BIJZONDERE EIGENSCHAPPEN: deze winterharde bodembedekker betovert met zijn onvoorstelbare veelheid aan bloemen met nostalgische, ronde vorm. Hij doet zijn naam alle eer aan, want de groenbekleding in de tuin breidt zich als zeeschuim uit over het zand.

GEBRUIK: voor een snelle begroeiing van kleinere en grotere vlakken. Voor een echt dicht tapijt adviseren we drie tot vier planten per vierkante meter. Door de buigzame, overhangende takken geschikt voor hangmanden.

GELIJKENDE SOORTEN: wie gevulde bloemen wenst, zal ook de soorten 'White Bells', 'Pink Bells' en 'Red Bells' mooi vinden.

Rosa 'Sommerabend'

HERKOMST: gekweekt, Kordes 1995.

GROEI: breed en bossig, zeer vlak en snel groeiend, takken tot 1,20 m lang, planthoogte circa 30 cm (groep 5).

BLOEI: enkelbloemig; de komvormige bloemen zijn stralend donkerrood met een geel hart. Hun diameter is 6-8 cm, dus middelgroot, en ze bloeien in weelderige trossen boven glanzend groen blad. De bloeitijd gaat ononderbroken door tot in de herfst.

Standplaats:
☀

Eigenschappen:
✿✿

Toepassing:

BIJZONDERE EIGENSCHAPPEN: een zeer gezonde bodembedekker die goed tegen de hitte kan; de regenbestendige bloemen zijn van een buitengewoon soort rood. De roos is tevens een geliefde nectarleverancier voor bijen. Ontving in 1996 het ADR-predikaat.

GEBRUIK: dicht groeiende roos die snel grotere vlakken bedekt. Hij roos kan alleen staan of in groepen, waarbij we twee tot drie planten per vierkante meter adviseren. De sterke, wortelechte soort is ook voor extremere plaatsen geschikt, zoals taluds, bermen en dakterrassen. Bij het laatste kunt u denken aan hangmanden en een ruime maat troggen of kuipen. Ook verkrijgbaar als treurroos op stam.

Rosa 'Sommerwind'

HERKOMST: gekweekt, Kordes 1985. Syn. 'Surrey', 'Vent d'Eté'.

GROEI: struikvormig tot breeduit bossig, met liggende en boog-vormig overhangende takken, 50-70 cm hoog en tot 1,20 m breed (groep 3).

BLOEI: uit de druppelvormige, rozerode knoppen komen kom-vormige, roze bloemen. Ze zijn losjes gevuld, de bloemblaadjes iets gewelfd, waarbij ze met hun diameter van circa 4 cm zeer sierlijk overkomen. Het matglanzende blad wordt door de bloemen bijna geheel bedekt – de hele zomer lang. De bloemen zijn bijzonder regenbestendig. Aan het eind van de bloei worden ze iets lichter.

BIJZONDERE EIGENSCHAPPEN: pretentieloze maar sterke bodembedekker, die met zijn prachtige bloemen een nostalgische charme tentoonspreidt. De roos is de grootbloemige uitgave van de bekende soort 'The Fairy' en werd – naast het behalen van talrijke internationale prijzen – in 1987 bekroond met het ADR- en in 2003 met het Toproospredikaat.

GEBRUIK: deze rijkbloeiende soort is geschikt als bodembedekker en als perkroos. Hij groeit nagenoeg op elke plaats, is zeer winterhard en verdraagt de hitte op het zuiden zowel als

de halfschaduw. Bovendien is hij nauwelijks bevattelijk voor meeldauw en sterroetdauw. Goed voor op hellingen en als grafbeplanting. U kunt de roos solitair of in een groep zetten: bij dat laatste hebt u drie tot vier planten per vierkante meter nodig voor een dicht plantendek. Als hoogstamroos slaat hij in een kuip een goed figuur. Omdat de roos in verschillende stamhoogten verkrijgbaar is, past hij ook op het kleinste balkon. Trekt bijen en hommels aan.

GELIJKENDE SOORTEN: de 'Sommermärchen' is een vergelijkbare soort, die eveneens uit huize Kordes stamt. De soort bloeit in krachtig roze en geurt bovendien zacht.

Rosa 'Suma'

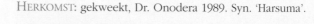

Standplaats:

Eigenschappen:

HERKOMST: gekweekt, Dr. Onodera 1989. Syn. 'Harsuma'.

GROEI: kruipend, breeduit en bossig, takken tot 1,50 m lang, hoogte van het plantendek is circa 50 cm (groep 5).

BLOEI: de halfgevulde, geurende bloemen variëren van robijnrood tot donkerroze. Opvallend is het lichtere hart met de ver uitstekende meeldraden. Ze zijn komvormig en met hun diameter van 3 cm zeer sierlijk. De bloemtrossen verschijnen tot aan de herfst langs de takken en bedekken de plant bijna volledig.

BIJZONDERE EIGENSCHAPPEN: de robuuste, uit Japan stammende soort is door de Royal Horticultural Society als een van de beste beoordeeld. Behalve de bloemenpracht zijn ook de bladeren uiterst decoratief, met name wanneer ze in de herfst glanzend karmijnrood kleuren.

GEBRUIK: wilt u een echt weelderig bloemendek, dan bent u bij deze soort aan het goede adres.

GELIJKENDE SOORTEN: de 'Royal Bassino' betovert met een zelfde bloemenpracht, maar groeit iets compacter.

Rosa 'Swany'

HERKOMST: gekweekt, Meilland 1977. Syn. 'Meiburenac'.

GROEI: breeduit, struikvormig, krachtige groei, takken liggen gedeeltelijk over de grond en zijn deels boogvormig, tot 50 cm hoog en 50-60 cm breed (groep 3).

BLOEI: de rozetvormige opbouw van de witte, gevulde bloemen hult de roos in een romantisch sfeer. De bloemen zijn eerst bolrond en openen zich daarna komvormig. Ze zijn doorgaans 5 cm breed en groeiend in flinke trossen. Samen met het glanzende, geveerde blad vormen ze een harmonisch geheel.

Standplaats:
☼

Eigenschappen:
❀❀

Toepassing:
🪣 🌱

BIJZONDERE EIGENSCHAPPEN: de rijke en ononderbroken groei van deze bodembedekker is veelzijdig toepasbaar. De roos is helaas wat gevoelig voor sterroetdauw. De stralend witte bloemen zijn regenbestendig en lichten donkere hoekjes in de tuin op.

GEBRUIK: de soort voelt zich prima in z'n eentje, maar ook in groepen: drie tot vier planten per vierkante meter is genoeg om de aarde snel te bedekken. De roos gedijt ook op voor rozen minder goede standplaatsen, zet de grond van hellingen vast, groeit in daktuinen en past in kuipen, troggen en hangmanden. Is als hoogstamroos verkrijgbaar in verschillende hoogten.

Rosa 'The Fairy'

HERKOMST: gekweekt, Bentall 1932.

GROEI: breeduit en bossig, takken hangen gedeeltelijk boogvormig over, 60-80 cm hoog, vaak meer breed dan hoog (groep 3).

BLOEI: de kleine, rozetvormige, gevulde bloemen zijn zachtroze en bijzonder regenbestendig. Eén tros kan tot wel dertig bloemen bevatten. De bloei zet laat in, maar houdt dan ononderbroken aan tot in de herfst.

BIJZONDERE EIGENSCHAPPEN: een klassieker onder de bodembedekkende rozen, die ook als hoogstamroos heel geliefd is. De robuuste soort is zeer winterhard, tolereert zomerse hitte en plaatsjes in de halfschaduw. Het blad kleurt in de herfst mooi geel. Verkreeg in 2003 het Toproospredikaat.

GEBRUIK: 'The Fairy' is solitair als perkroos toe te passen, als roos in een groep (vier tot vijf planten per vierkante meter) en als bodembedekker voor op een vlakke bodem. Gedijt tevens op hellingen en taluds. Laat zich bijzonder goed combineren met andere planten, voegt zich in heidetuinen, is geschikt voor grafbeplanting en hangt zeer decoratief van hoogten omlaag. Met zijn overhangende uitlopers staat hij leuk in hangmanden. Als hoogstamroos geschikt voor allerlei soorten bakken. De bloemen staan lang op de vaas.

GELIJKENDE SOORTEN: de 'Fairy Queen' straalt met karmo-zijnrode, gevulde bloemen en is daarmee een gelijkwaardige pendant van de moedersoort. Hetzelfde geldt voor de 'Heidekind', met bloemtrossen in kersenrood.

BODEMBEDEKKERS IN BAKKEN

Veel bodembedekkers zijn met hun overhangende uitlopers ook geschikt voor het beplanten van grote en brede planten- en balkonbakken. De wortelechte soorten zijn tevreden met minder diepte. Vergeet niet om in de winter de bakken rondom met (noppen) folie te omwikkelen. De hittebesten-dige soorten kunt u ook als randbeplanting in rotstuinen toe-passen.

DE KLIMMERS ONDER DE ROZEN

Er is nauwelijks een roos te noemen die zo weinig plaats in-
neemt en tegelijk zo'n bloemenpracht onthult als de klimroos.
Met deze roos tovert u kale muren om in bloeiende gordijnen
of geeft u bogen of pergola's een romantisch uiterlijk. Een
of twee rozen tegen een piramide of traliewerk trekken al meteen de aandacht. Is er een mooiere entree naar de tuin te bedenken dan onder een haag van fleurige rozen?

Klimrozen vinden ook in de kleinste tuin een plaatsje. Soorten
die tevreden zijn met een grote bak begroeien zelfs muren van
hoge balkons. Voorwaarde is dat de roos zich kan vastzetten
aan een stabiele groeibasis. Klimrozen zijn eigenlijk niets anders
dan struikrozen met zeer lange uitlopers, waarbij de laatste
de mogelijkheid missen om zich omhoog te werken door
middel van ranken of hechtwortels. Hekwerken van hout of sta-
len matten zijn bijzonder stabiel. Ze moeten op een afstand van
minimaal 8-10 cm van de muur worden aangebracht, zodat er
nog genoeg lucht achter de roos kan circuleren.

Klimrozen zijn er in alle soorten en maten: enkelbloemig of met
gevulde bloemen, met romantische tot theehybride-achtige
bloemen, en eenmaal of vaker bloeiend per jaar. Bij de ramblers (leirozen) gaat het om wat woestere, meestal eenmalig
bloeiende klimrozen met zeer lange, dunne uitlopers. Ze klimmen graag in oude bomen, waar ze zich om de takken slinge-
ren en in rap tempo omhoog werken naar het licht. U zult zien:
elke soort, oud of modern, bekoort op zijn eigen manier.

Rosa 'Adélaide d'Orléans'

Standplaats:

☼ – ☼

Eigenschappen:

HERKOMST: gekweekt, Jacques 1826.

GROEI: rambler met lange, zachte takken, sterk groeiend, tot 4,50 m hoog en 3 m breed.

BLOEI: de bloemtrossen bestaan uit talrijke kleine, halfgevulde bloemen, waarvan het zachte roze later overgaat in een crèmekleurige tint. Ze hangen als een waterval van de takken naar beneden en bedekken de bladeren bijna geheel. De geur die ze verspreiden lijkt op die van pioenrozen. Op de hoofdbloei in de zomer volgt af en toe een nabloei.

BIJZONDERE EIGENSCHAPPEN: de 'Adélaide d'Orléans' is een afstammeling van de altijdgroene roos (*Rosa sempervirens*) en behoort daarmee tot de zeer oude klimrozen, indertijd gekweekt in Frankrijk. De bloemen van deze rozengroep zitten in dichte trossen, de takken hebben nauwelijks doorns en het dichte bladerdek blijft in de winter meestal behouden.

GEBRUIK: deze groeigrage, sterke rambler begroeit in hoog tempo muren, schuttingen en frames van allerlei soort. Klimt ook graag in bomen. Bovendien is hij tevreden met een minder vruchtbare grond en een plaats in de halfschaduw.

GELIJKENDE SOORTEN: de 'Félicité et Perpétue' is eveneens een oude Sempervirens-roos. Hij kenmerkt zich door pomponvormige, geurende bloemen in crèmewit en lijkt daarmee erg op de 'Adélaide d'Orléans'. De treurrozen van deze soort zijn zeer decoratief.

BLIJF UW KLIMROOS DE BAAS

Als u weinig plaats hebt, kunt u ramblers beter terugsnoeien, zodat hij geen gigantische kluwen van takken wordt. Snoei dan in het vroege voorjaar een paar oudere, sterk vertakte twijgen weg, direct bij de grond. Pas zo'n verjongingskuur bij de meer struikachtig groeiende klimrozen met minder maar daarom krachtiger uitlopers vanuit de voet alleen bij hoge uitzondering toe.

Rosa 'Alchymist'

Standplaats:

☼ – ☀

Eigenschappen:
❀ ↶

HERKOMST: gekweekt, Kordes 1956.

GROEI: bossige en opgaande groei, gemiddeld snel, 3,50 m hoog en 2,50 m breed. De takken hebben veel doorns.

BLOEI: de sterkgevulde bloemen zijn geeloranje, bij het verbloeien krijgen ze een rood waas. Ze bezitten een nostalgische vorm en zijn meestal gekwartierd. Ze verschijnen al vroeg in de zomer, waarbij de latere bloemen meestal krachtiger van kleur zijn dan de eerdere. Ze geuren sterk naar een mengeling van thee en honing en bieden een mooi contrast met het groen en brons van het blad.

BIJZONDERE EIGENSCHAPPEN: hoewel al wat ouder behoort de 'Alchymist' ook tot de moderne klimrozen. Dat zijn in feite struikrozen met zeer lange uitlopers en een langlopende bloeitijd. De soort is robuust, winterhard en onderscheidt zich door zijn extreem gezonde blad.

GEBRUIK: voor het beklimmen van muren, pergola's, hekken of andere decoratieve klimelementen. Ook geschikt als struikroos in de border. Gedijt ook op minder voedselrijke grond en minder zonnige plaatsen.

Rosa 'American Pillar'

HERKOMST: gekweekt, Van Fleet 1902.

GROEI: rambler, krachtig groeiend, 4-6 m hoog en tot 3 m breed.

BLOEI: enkelbloemig; de karmozijnrode bloemen creëren door hun witte oog een levendig effect. Ze bloeien komvormig open waarbij de gele meeldraden goed zichtbaar zijn. De schitterende bloemtrossen komen goed uit bij het glanzend groene blad. De bloeitijd ligt tussen juni tot juli.

BIJZONDERE EIGENSCHAPPEN: een oudere, zeer weelderig groeiende afstammeling van de sterk groeiende *Rosa wichuraiana*, die tot op heden niet aan faam heeft ingeboet. Omdat hij enigszins gevoelig is voor meeldauw, kunt u hem het beste planten op een zo gunstig mogelijke plaats.

GEBRUIK: zoals alle ramblers is ook deze roos geschikt voor de ongeduldige tuinliefhebber die snel resultaat wil zien bij minder fraaie muren. Ook pergola's en bogen krijgen in een mum van tijd een betoverend mooie aankleding; bovendien klimt de roos graag in bomen. De roos is winterhard, tolereert zandige, minder voedselrijke grond en de halfschaduw.

Standplaats:
☼ - ☼

Eigenschappen:
❀ ⌇

Rosa 'Blaze Superior'

HERKOMST: gekweekt, Jackson en Perkins 1954. Ook bekend als 'Demokracie'.

GROEI: rambler, krachtig groeiend, takken licht overhangend, 3-4 m hoog en breed.

BLOEI: de vurig scharlakenrode bloemen met het edele karakter van de theehybriden houden iedereen in de ban. Ze groeien in trossen en verschijnen de hele zomer boven het donkergroene blad. Bovendien geuren ze heerlijk. Na de hoofdbloei bloeit de roos tot in de herfst na.

BIJZONDERE EIGENSCHAPPEN: het robuuste karakter van deze vaker bloeiende klimroos gaat hand in hand met zijn schitterende bloemenpracht. De roos is een verbeterd kweekresultaat van de bekende 'Blaze', die eveneens grote, gevulde bloemen in scharlakenrood heeft.

GEBRUIK: de groeigrage klimroos is geschikt voor de minder zonnige plaats in de tuin en kan goed tegen zandige, minder voedselrijke grond. Hij groeit in bomen snel omhoog en begroeit muren en pergola's. Hij heeft wel veel ruimte nodig. Zijn intense kleur doet het prachtig op de vaas.

Rosa 'Compassion'

HERKOMST: gekweekt, Harkness 1974.

GROEI: breeduit en bossig, gemiddeld snel groeiend, 1,50-2,50 m hoog, in warme streken zonder vorst ook hoger, tot 1,80 m breed.

BLOEI: de grote, gevulde bloemen vertonen een apart kleurenspel. Bij het ontluiken zijn ze helderroze met een vleugje abrikoos, later worden ze zilverachtig roze en bij het verbloeien lichter. Wat vorm betreft lijken ze op de theehybriden. Met een diameter van 10-12 cm zijn ze zeer groot. Meestal bloeit er één bloem aan een steel, zelden trosjes bloemen. Ze geuren zoet en verschijnen tot aan de herfst.

Standplaats:
☼

Eigenschappen:
❀❀ ⌇

Toepassing:
✂

BIJZONDERE EIGENSCHAPPEN: deze vaker bloeiende klimroos onderscheidt zich door zijn intense geur. Hij is wel wat vorstgevoelig en daarom vooral geschikt voor een milder klimaat. De roos verkreeg in 1976 het ADR- en in 2003 het Toproospredikaat.

GEBRUIK: omdat de roos niet zo groot wordt, is hij een goede keus voor piramiden en zuilen. Hij kan ook vrij als struik groeien. Zijn lange stelen maken het afsnijden van prachtige snijbloemen mogelijk. Vorstschade kunt u – net als bij heesterrozen – wegnemen door de roos op die plaatsen te snoeien.

Rosa 'Dortmund'

Standplaats:
☼ – ☼

Eigenschappen:
❀❀ ⤳ ❦

HERKOMST: gekweekt, Kordes 1955.

GROEI: opgaande groei, takken groeien hangend in bogen, af-hankelijk van de standplaats 2-4 m hoog, tot 1,80 m breed.

BLOEI: enkelbloemig; de komvormige bloemen zijn dieprood en kijken je met een wit oog aan. De bloemblaadjes zijn licht gewelfd en de bloemen hebben een diameter tot 10 cm. De roos maakt grote trossen, die het glanzende, donkergroene, eveneens gewelfde blad bijna volledig bedekken. Op de hoofdbloei in de zomer volgt een lange nabloei. Licht geurend.

VRUCHTEN: een rijke groei van bottels.

BIJZONDERE EIGENSCHAPPEN: een sterke klimstruik die wei-nig eisen stelt aan zijn standplaats. Hij groeit in de brandende zon net zo goed als in de halfschaduw, is redelijk winterhard en regenbestendig. Voor zijn vele goede eigenschappen be-haalde hij in 1954 het ADR-predikaat.

GEBRUIK: zowel solitair als in gezelschap van enkele struiken doet deze roos het bijzonder goed. Hij groeit bijna overal en siert muren, prieeltjes, traliewerken en bogen.

GELIJKENDE SOORTEN: de 'Maria Lisa' geeft karmozijnrode bloemen met een wit hart en toont opvallend gele meeldraden. De 'Hiawatha' is een oude, krachtig groeiende soort die enkelbloemig bloeit in purper tot violet.

EEN PLAATS ONDER DE ZON

Hoewel rozen zonaanbidders zijn, is een muur op het zuiden niet per se de beste plek. Omdat de muur de zonnestralen reflecteert en ook de warmte weer afgeeft, wordt het in de directe omgeving van de roos te warm en droog. In zo'n milieu voelen spinmijten en meeldauwschimmels zich goed thuis. Daarom is het beter om een muur op het zuidoosten of zuidwesten te kiezen, waar het minder warm wordt en de wind voor de nodige luchtcirculatie zorgt.

Rosa 'Flammentanz'

HERKOMST: gekweekt, Kordes 1955.

GROEI: rambler, opgaande groei, takken overhangend, sterk groeiend, 3-5 m hoog.

BLOEI: de gevulde bloemen stralen je met hun heldere, vlammende bloedrode bloemen al van verre tegemoet. Ze groeien in grote trossen en behouden hun krachtig rood ook tijdens het verbloeien. Ze steken scherp af tegen het koperachtig donkergroen van het blad. De bloemen verschijnen in groten getale, maar een nabloei is er niet.

BIJZONDERE EIGENSCHAPPEN: deze sterke groeier verenigt een robuuste natuur met een stralend rode bloemenpracht in zich. Daarvoor werd hij in 1952 beloond met het ADR-predikaat.

GEBRUIK: de vorstbestendige soort gedijt op nagenoeg elke plaats. Hij tolereert de felle zon maar ook de halfschaduw en kan alleen of in groepen staan. Zonder klimattributen in de buurt groeit hij gerust over de grond en bedekt dan in hoog tempo een groot vlak. De vuurrode 'Flammentanz' is als hoogstamroos of kuipplant verkrijgbaar. Zeer geschikt voor begroeiing van piramiden en zuilen.

GELIJKENDE SOORTEN: de 'Paul's Scarlet Climber' heeft veel goede eigenschappen van de 'Flammentanz' overgenomen. De soort ontstond al in 1916 en betovert met zijn dieprode, gevulde, bolvormige bloemen. De soort is met 2-2,50 m iets kleiner en geurt licht.

HOE MEER BLOEMEN HOE MOOIER

Klimrozen hebben de neiging uitsluitend naar de zon te groeien. Dan maken ze echter weinig zijtakken en verschijnen er alleen bloemen in de hogere regionen. Maar wanneer u de takken op hun weg naar boven boogvormig tot horizontaal afbuigt en ze zo ook aanbindt, maakt de roos talrijke zijtakken naar boven toe en zult u worden beloond met een rijkdom aan bloemen.

Rosa 'Gerbe Rose'

HERKOMST: gekweekt, Fauque 1904.

GROEI: krachtig groeiend, tot 6 m hoog en 4,50 m breed.

BLOEI: de dichte, wat warrig gevulde bloemen verschijnen in decent lichtroze. Het midden van de bloem is donkerder en geelachtig. De bloemen groeien in kleine trossen die in de zomer in groten getale verschijnen, daarbij een fruitige (appel)geur verspreidend. Geen nabloei.

BIJZONDERE EIGENSCHAPPEN: deze afstammeling van de sterk groeiende *Rosa wichuraiana*, de oermoeder van veel klimrozen, is een curiositeit tussen de oude klimrozen.

GEBRUIK: sterk groeiende rambler die zowel in de zon als in de halfschaduw groeit. Is bijzonder geschikt voor de ongeduldige types onder ons die muren of minder mooie schuttingen graag snel bedekt willen zien. De roos voelt zich thuis op een plekje bij het water.

GELIJKENDE SOORTEN: de 'Albertine', met zijn intens geurende roze bloemen, maar die wordt wel heel hoog.

Rosa 'Gloire de Dijon'

HERKOMST: gekweekt, Jacotot 1853. In de vroegere Engelse cottagetuinen was deze Franse variëteit ook bekend onder de naam 'Old Glory Rose'.

GROEI: opgaande groei, krachtig groeiend, 3-4 m hoog, tot 2,50 m breed.

BLOEI: de grote, sterkgeurende bloemen zijn samengesteld uit diverse tinten, van lichtgeel tot abrikoos en oranje. Ze zijn gevuld en openen zich gekwartierd. Na de hoofdbloei in de zomer verschijnen tot aan de herfst dikwijls nog veel bloemen.

BIJZONDERE EIGENSCHAPPEN: een zeer oude klimroos, die nog de bourbonroos 'Souvenir de la Malmaison' als voorouder kan aanwijzen. De roos heeft een voorkeur voor een milder klimaat met weinig regen. Het blad is ontvankelijk voor sterroetdauw. Desondanks is deze roos vaste gast in vele bloementuinen.

GEBRUIK: deze uitzonderlijk mooie soort is geschikt voor een beschutte, warme muur van het huis. Waaiervormig geleid is het een schitterende blikvanger. Ook over bogen komt de roos uitstekend tot zijn recht.

Standplaats:
☼

Eigenschappen:
✿✿✿ ↄ

Rosa 'Goldener Olymp'

HERKOMST: gekweekt, Kordes 1984.

GROEI: opgaande groei, struikvormig tot klimmend, gemiddeld sterk groeiend, 1,50-1,80 m hoog.

BLOEI: de goudgele bloemen zijn overgoten met een koperen tint, maar worden naar de randen toe wat geler. Ze zijn losjes gevuld en zien er met hun gewelfde bloemblaadjes wat warrig uit. Ze hebben een diameter van 10 cm en dus zeer groot. Maken prachtige trossen die mooi afsteken tegen het donkergroene blad. Zacht geurend.

BIJZONDERE EIGENSCHAPPEN: de soort is geschikt voor de zachtere streken of meer beschutte plaatsjes in de tuin. Je kunt de bloemen al van verre zien schitteren.

GEBRUIK: deze klimroos voor elke gelegenheid kunt u ook als struikroos inzetten. Hij is geschikt voor het begroeien van muren, schuttingen en allerlei frames.

GELIJKENDE SOORTEN: de 'Goldstern' heeft goudgele, sterkgevulde bloemen en functioneert goed als struik- of als klimroos. De 'Golden Showers' bloeit citroengeel en wordt tot 3 m hoog. De goudgele 'Goldfassade' geurt overdadig.

GOED PLANNEN IS HET HALVE WERK

Eerst moet u bepalen wat de omvang van het klimmateriaal zal zijn. Want meestal is latere uitbreiding – als de roos groter blijkt te worden dan u had gedacht – niet eenvoudig. Stem vervolgens de kleur van de door u gewenste roos af op kleur en structuur van het klimmateriaal.
Rode rozen bijvoorbeeld vallen tegen een achtergrond van bruine bakstenen niet op, maar
staan mooi bij een groene pergola, terwijl witte of crèmekleurige rozen wegvallen tegen lichte
muren. Leid de roos na het planten direct in de goede richting; nu zijn de takken nog buig-
zaam, maar als ze eenmaal 'groot' zijn, is corrigeren moeilijker. Bind de takken niet te strak
aan het materiaal vast, zodat ze bij het verder en dikker groeien niet ingesnoerd raken.

Rosa 'Harlekin'

Standplaats:

Eigenschappen:

Toepassing:

HERKOMST: gekweekt, Kordes 1986.

GROEI: opgaande groei, struikvormig, goed vertakt, takken overhangend, 2-3 m hoog.

BLOEI: de gevulde, rozetvormige bloemen zijn crèmewit; de brede rode rand aan elk blaadje geeft de roos een grappig uiterlijk. Met een diameter van 10-12 cm zijn de bloemen zeer groot. Sterk geurend. De soort is vaker bloeiend met een duidelijke hoofdbloei.

BIJZONDERE EIGENSCHAPPEN: veelzijdige klimroos met een nostalgische charme.

GEBRUIK: een vrolijk gekleurde soort voor het begroeien van prieeltjes, pergola's en muren, daarbij geschikt voor de zuidzijde. U kunt ze apart of in groepjes van twee tot drie planten. Ook mooi als kuipplant. Met de mooie bloemblaadjes kunt u gerechten of dranken garneren, en ze zijn tevens goed te gebruiken bij kunstzinnige uitingen.

> **VAN RICHTING VERANDEREN**
>
> **Klimrozen hoeven niet altijd naar boven te groeien. Laat ze eens van de daklijst af naar beneden hangen.**

Rosa 'Kir Royal'

HERKOMST: gekweekt, Meilland 1995.

GROEI: opgaande groei, struikvormig, takken overhangend, 2-3 m hoog.

BLOEI: uit de roodachtige, bolle knoppen ontwikkelen zich helderroze, halfgevulde bloemen. Wat opvalt is dat de blaadjes onregelmatig zijn dooraderd met rode lijntjes. De bloemen met gewelfde blaadjes – waardoor ze er stuk voor stuk prachtig vol uitzien – ontvouwen zich komvormig. De zachte kleur harmonieert mooi met het felle groen van het blad. Met een diameter van circa 7 cm zijn de lichtgeurende bloemen gemiddeld groot. De hoofdbloei valt in de zomer en wordt gevolgd door een zwakke nabloei.

BIJZONDERE EIGENSCHAPPEN: een moderne, ziekteresistente soort met een nostalgische bloemvorm. De plant is redelijk vorstbestendig. Het blad is immuun voor meeldauw en sterroetdauw.

GEBRUIK: als u graag een romantisch ingerichte tuin wilt, is deze roos geknipt voor u: hij begroeit alle soorten klimmateriaal en muren. Kan solitair staan en in groepen.

Standplaats:

Eigenschappen:

Rosa 'Leverkusen'

HERKOMST: gekweekt, Kordes 1954.

GROEI: opgaande groei, krachtig groeiend, tot 3 m hoog en 2,50 m breed.

BLOEI: de citroengele bloemen zijn halfgevuld en bloeien komvormig open. De gewelfde bloemblaadjes geven een bijzonder charme, die nog wordt versterkt door de zachte, zoete geur. Het donkergroene, glanzende blad past bijzonder goed bij het zachte geel van de bloemtrossen. Doorbloeiend.

BIJZONDERE EIGENSCHAPPEN: sterke doorbloeier met gezond, krachtig blad. Hij is zeer vorstbestendig, wat hem geschikt maakt voor zelfs de koudste plaatsen.

GEBRUIK: de klimroos is geschikt voor alle gelegenheden en groeit zelfs goed op voedselarme, zandige grond en in de halfschaduw. Staat erg leuk over rozenbogen of prieeltjes of als hoogstamroos in kuipen.

GELIJKENDE SOORTEN: van dezelfde krachtige zaailing (*Rosa kordesii*) stamt de krachtig groeiende soort 'Parkdirektor Riggers' af, met fluwelig, bloedrode bloemen.

Rosa 'Lykkefund'

HERKOMST: gekweekt, Olsen 1930.

GROEI: opgaande groei, zeer krachtig groeiend, tot 7 m hoog en 4,50 m breed, takken nagenoeg doornloos.

BLOEI: enkelbloemig; de bloemen hebben een crèmegele grondkleur met een rood waas. Bij het verbloeien worden ze bijna wit. Ze groeien in grote trossen en verspreiden een intense geur. Bij het lichtgroene, met wat brons getinte blad komt de bescheiden bloemkleur mooi tot uiting. De roos bloeit rijk maar heeft geen nabloei.

BIJZONDERE EIGENSCHAPPEN: de oude soort is een rariteit onder de klimrozen, die zich mag verheugen in een groeiende populariteit. De roos is een goede kruising van de doornloze 'Zéphirine Drouhin' en de krachtig groeiende *Rosa helenae*.

GEBRUIK: de 'Lykkefund' begroeit in hoog tempo muren, schuttingen en grote traliewerken, maar is bovenal een goede boomklimmer. De roos neemt desnoods genoegen met minder vruchtbare grond of de halfschaduw. Hij is bijzonder geschikt voor het oplichten van wat donkerder hoeken in de tuin.

Standplaats:
☼ – ☼

Eigenschappen:
❀ ↝

Rosa 'Morning Jewel'

HERKOMST: gekweekt, Cocker 1968.

GROEI: struikvormig, opgaand, takken gedeeltelijk overhangend, snelle groeier, 2-3 m hoog, tot 2,50 m breed.

BLOEI: de intens geurende, karmozijnrode bloemen zijn gevuld, ontvouwen zich komvormig en bereiken dan een diameter van 10-12 cm. Meestal groeit er één bloem aan het eind van een uitloper, soms twee. De soort is vaker bloeiend en bloeit rijkelijk.

BIJZONDERE EIGENSCHAPPEN: deze robuuste soort met zijn uitgesproken geur is een afstammeling van de bekende klimroos 'New Dawn'. Voor zijn vele uitstekende eigenschappen ontving de roos in 1975 het ADR-predikaat.

GEBRUIK: pergola's, bogen, prieeltjes of andere frames geven deze roos bijzondere elegantie. De roos kan ook vrij als struik groeien en is tevens verkrijgbaar als hoogstamroos.

KLIMROZEN IN KUIPEN

Bij treurrozen of hangrozen in kuipen gaat het in feite om tot stamrozen veredelde klimrozen.

Rosa 'New Dawn'

HERKOMST: gekweekt, Sommerset 1930.

GROEI: opgaande groei, struikvormig, takken overhangend, sterk groeiend, 3-4 m hoog, tot 2,50 m breed.

BLOEI: de halfgevulde, komvormige bloemen betoveren eenieder met hun zachte paarlemoerroze en hun evenzo delicate geur. Met een diameter van 6-8 cm zijn ze van gemiddelde grootte. Na de hoofdbloei in de zomer bloeit de soort nog na.

Standplaats:
☼ – ☼

Eigenschappen:
🏵🏵 ⌇ ❀

Toepassing:
🪣 ⚘ ✂

VRUCHTEN: de roos is met bottels bezaaid.

BIJZONDERE EIGENSCHAPPEN: deze sterke alleskunner is niet alleen prachtig maar ook bestand tegen ziekten. Hij groeit bijna overal, in de blakende zon of de halfschaduw. Bovendien is hij zeer vorstbestendig en bloeit hij ook in gure streken mooi.

GEBRUIK: begroeit schuttingen en frames van uiteenlopende soort, decoreert muren van top tot teen en doet het zelfs prima in ruime kuipen. De lichtgekleurde bloemen steken prachtig af tegen het donkere blad. Ook te koop als hoogstamroos. De bloemen staan lang op de vaas.

Rosa 'Paul Noël'

Standplaats:

☼ – ☼

Eigenschappen:

✿ ∿

Toepassing:

🏺 🎋

HERKOMST: gekweekt, Tanne 1913.

GROEI: opgaand, krachtig groeiend, 3-5 m hoog, 1,50-2 m breed. Groeit met lange, soepele takken; zonder steunmateriaal kruipend.

BLOEI: de zalmroze bloemen zijn sterk gevuld en hebben een rozetvorm. Met een diameter van 3-4 cm zijn ze relatief klein, maar dat maken ze goed door sterk te geuren. Hoewel de soort eenmalig bloeiend is, volgt er soms een nabloei.

BIJZONDERE EIGENSCHAPPEN: deze krachtige rambler is ideaal voor de ongeduldige en veeleisende types onder u die behalve een snelle groei een nostalgische bloeiwijze en intense geur verlangen.

GEBRUIK: een goede keuze voor het begroeien van prieeltjes, bogen, pergola's en traliewerk. Als de roos van muren naar beneden mag hangen, ontstaat een heel speciaal beeld. Over de aarde kruipend begroeit hij snel grotere vlakken. Zijn gevoeligheid voor meeldauw vereist een niet geheel windstille plaats, maar die mag wel in de halfschaduw liggen. Als hoogstamtreurroos in een kuip brengt hij een romantische sfeer op het terras.

Rosa 'Raubritter'

HERKOMST: gekweekt, Kordes 1936.

GROEI: opgaand, struikvormig, dicht vertakt, 2-3 m hoog. De met doorns bezette takken zijn behoorlijk lang en dun.

BLOEI: de gevulde, bolvormige bloemen zijn helder purperrood van kleur. Wanneer ze zich komvormig ontvouwen, zijn ze tot 5 cm breed. Ze bloeien in grote trossen, waarbij het aantal bloemen kan variëren van een enkele tot vele. Ze verspreiden een lichte geur. Hun kleur past mooi bij het donkergroene blad.

Standplaats:
☀ – ☀

Eigenschappen:
❀ ↄ

Toepassing:
🗑 ⚱

BIJZONDERE EIGENSCHAPPEN: wie een liefhebber is van de weelderige vormen van rozen uit lang vervlogen tijden, mag deze soort niet missen. Hij gedijt ook nog in de halfschaduw, maar heeft verder een optimale, luchtige standplaats nodig vanwege zijn gevoeligheid voor meeldauw.

GEBRUIK: de 'Raubritter' is veelzijdig, toe te passen als klimroos en struikroos en heeft hetzelfde mooie resultaat. Komt goed tot zijn recht als zijn ranken vanaf een muur naar beneden mogen hangen. Op de grond begroeit hij in hoog tempo lege vlakken en zet hij schuin lopende stukken grond vast. Als treurroos een blikvanger.

Rosa 'Rosarium Uetersen'

HERKOMST: gekweekt, Kordes 1977.

GROEI: opgaande groei, rijk vertakt, takken overhangend, traag tot gemiddeld snel groeiend, klimt tot 3 m hoog, als struik gecultiveerd tot 2 m, tot 1,80 m breed.

BLOEI: de felroze bloemen zijn rozetvormig en met tot wel honderd bloemblaadjes sterk gevuld. De bloemen worden tot 8 cm breed en nemen bij het verbloeien een zilverachtig roze tint aan. Ze verschijnen vroeg in de zomer en bloeien in grote trossen aan het eind van de lange takken, meestal met tien tot twintig tegelijk. Ze geuren iets naar wilde rozen. Na de hoofdbloei bloeit de roos (onregelmatig) verder.

BIJZONDERE EIGENSCHAPPEN: met zijn grote, bolvormige bloemen verleent de 'Rosarium Uetersen' elk plekje in de tuin een romantisch tintje. De roos is zeer veelzijdig in te zetten en neemt genoegen met bijna elke standplaats, tolereert hitte, een zonnige plaats of een in de halfschaduw. Bovendien accepteert hij wat vrieskou en langdurige regenval.

GEBRUIK: aan een hekwerk omhoog klimmend decoreert de roos schuttingen en muren. Ook geschikt voor klimmateriaal als piramiden en zuilen. Omdat deze soort niet zo groot

wordt, kan hij tevens goed vrij in de grond staan als struikroos.
Zelfs balkonbezitters hoeven deze doorbloeier niet te missen,
want in een kuip is hij een schitterende hangplant voor langs
de muur naar beneden.

EEN STERK TEAM: ROZEN EN CLEMATIS

**Rozen en clematis vullen elkaar perfect aan en bieden een hooggekwalificeerde
bloemenpracht. Voor het beste effect moet u ervoor zorgen dat beide planten-
soorten van dezelfde sterkte zijn. U kunt het beste vaker bloeiende klimrozen combineren met clematissoorten bloeien in de zomer. De voet van de clematis mag beslist niet in de zon staan, maar moet luchtig zijn afgedekt door er bijvoorbeeld een
dakpan voor te zetten. Bij clematis in een kuip zet u andere planten voor de voet.**

Rosa 'Rote Flamme'

Standplaats:

Eigenschappen:

HERKOMST: gekweekt, Kordes 1967.

GROEI: opgaande groei, struikvormig vertakt, sterk groeiend, tot 4 m hoog.

BLOEI: de gevulde bloemen met hun klassieke ronde vorm schitteren in een diep donkerrood. Ze worden met een diameter van 10-12 cm zeer groot. De bloemtrossen prijken aan het eind van de takken. De eerste bloei in de zomer valt overvloedig uit, terwijl de lange, onregelmatige nabloei zwakker is.

BIJZONDERE EIGENSCHAPPEN: wie snel zichtbare groenresultaten wil zien en daarbij houdt van felle kleuren, zou kunnen kiezen voor de 'Rote Flamme'.

GEBRUIK: de in hoog tempo bloeiende soort begroeit schuttingen, muren, pergola's en frames van allerlei soorten en maten.

GELIJKENDE SOORTEN: voor hen die veel houden van donkere roodtonen adviseren we van dezelfde kweker de 'Gruß an Heidelberg' en de 'Sympathie'. De 'Santana' van Tantau en 'Colonia' van Meilland geuren daarbij ook nog.

Rosa 'Super Dorothy'

HERKOMST: gekweekt, Hetzel 1986.

GROEI: rambler, aangebonden een klimroos, zonder steun over de grond groeiend, lange, buigzame takken, 3-5 m hoog en/of lang.

BLOEI: de kleine roze bloemen openen zich komvormig en zijn weelderig gevuld. Een bloem heeft slechts een diameter van 3 cm en daarvan zitten er tot 20 in de trossen. Na de eerste bloei in de zomer bloeit de soort nog na tot in de herfst.

BIJZONDERE EIGENSCHAPPEN: de 'Super Dorothy' is een toepasselijke naam. De roos groeit snel en bloeit rijkelijk na. De kleine bladeren verraden al dat hij goed hitte verdraagt.

GEBRUIK: aan klimmateriaal bevestigd, versiert de roos snel muren, schuttingen, pergola's, bogen en andere frames met groen en bloemen. Vlak over de grond groeiend is hij een rasse bodembedekker. Daarbij is één plant per vierkante meter genoeg. Zeer aantrekkelijk zijn de treurrozen, die in de tuin kunnen staan, maar ook goed in kuipen.

GELIJKENDE SOORTEN: de 'Super Excelsa' bloeit karmozijnrood.

Standplaats:
☼ – ☼

Eigenschappen:
❀❀

Toepassing:
🪴

Rosa 'Veilchenblau'

Standplaats:

Eigenschappen:

HERKOMST: gekweekt, Schmidt 1909. Afstammeling van de veelbloemige roos (*Rosa multiflora*).

GROEI: opgaande groei, dicht en bossig, sterk groeiend, 3-4 m hoog. De takken bezitten zo goed als geen doorns.

BLOEI: de komvormige, halfgevulde bloemen zijn purperviolet en hebben een wit hart. Vaak verschijnen ze in bijna blauw, bij het verbloeien zijn ze soms wit gestreept. Ze zijn klein maar zitten met vele in dichte trossen. Ze verspreiden een zachte geur die doet denken aan sinaasappel. Het geveerde blad is smal en matgroen. De bloeitijd strekt zich uit over juni en juli. Geen nabloei.

BIJZONDERE EIGENSCHAPPEN: een roos voor liefhebbers van ongewone bloemkleuren. Neemt genoegen met de halfschaduw.

GEBRUIK: met zijn krachtige groei klimt de 'Veilchenblau' ijverig tegen schuttingen en traliewerken omhoog. Hij doet alles wat u van een klimroos verwacht – alleen zijn kleur is niet overal mee te combineren. Eigenlijk is alleen wit nog geschikt.

GELIJKENDE SOORTEN: van de kleur van de 'Veilchenblau' is moeilijk een evenbeeld te vinden, maar er komen een paar

soorten in de buurt, zoals de 'Rose Marie Vieaud', een spontaan ontstane afstammeling, uit 1924. De bloemen zijn sterker gevuld en wat roder. De roos wordt tot 5 m hoog. De doornloze 'Bleu Magenta' begint de bloei in purperrood en schakelt later over naar viooltjesblauw.

NIET ALLE ROZEN HEBBEN DOORNS

De klimroos 'Zéphirine Drouhin' is de eerste roos zonder doorns. Hij werd al in 1868 in Frankrijk gekweekt. Behalve de doornloze takken zijn de halfgevulde, felroze tot lichtrode bloemen met hun aangenaam zoete geur erg aantrekkelijk.

Rosa 'Venusta Pendula'

HERKOMST: deze oude soort behoort tot de Ayrshire-rozen, die weer van de in Europa inheemse *Rosa arvensis* (akker- of bosroos) afstammen. De laatste hebben hun nakomelingen de kruipende en/of klimmende groei meegegeven. De precieze herkomst blijft echter onbekend. De roos werd in 1928 door W. Kordes ingevoerd in Duitsland.

GROEI: rambler, losjes vertakt, sterk groeiend, takken lang en overhangend, zonder klimsteun over de grond kruipend, tot 5 m hoog en 1,50 m breed.

BLOEI: de komvormige, halfgevulde bloemen zijn wit met een mooi roze randje. Met hun diameter van 5-7 cm zijn de bloemen middelgroot. Steken prachtig af tegen het matgroene blad. De soort bloeit eenmaal in juni-juli, maar dan wel rijkelijk.

BIJZONDERE EIGENSCHAPPEN: de vitale, vorstbestendige en groeigrage rambler is een plekje in uw tuin beslist waard. Omdat hij ook in de halfschaduw groeit, is hij bijzonder geschikt voor donkere hoeken in de tuin en voor muren. Met zijn witte waterval aan bloemen begroeit hij die in hoog tempo en zonder al te veel verzorging.

GEBRUIK: de roos verandert bogen en pergola's heel rap in rozenparadijsjes. Ook groeit hij graag tegen muren, schuttingen en bomen. Met zijn nostalgische charme is hij perfect voor romantische rozenbogen. Als u hem vastbindt aan klimmateriaal groeit hij vlak over grond, zodat kale plekken gauw worden bedekt met een schitterend rozentapijt.

GELIJKENDE SOORTEN: de 'Bobbie James' is een uiterst geliefde rambler met witte, halfgevulde bloemen en een sterke geur. De 'Sanders' White Rambler' wordt met 3,50 m niet echt hoog, maar groeit uiterst bossig met krachtige takken. De witte, rozetvormige bloemen verschijnen in de zomer in grote, overhangende trossen en geuren zoet.

BLOEMENWEELDE MET STRUIKROZEN

Struikrozen betoveren onze tuin als grote sierstruiken. Terwijl de moderne soorten ononderbroken groeien, hetzij midden hetzij laat in de zomer, verschijnt de weelderige groei van de wilde rozen of parkrozen slechts eenmaal per seizoen, maar dan wel wekenlang. Zelden vertonen zij een zwakke nabloei in de herfst. Parkrozen zijn sterk, behoorlijk winterhard en groeien snel. Bij parkrozen gaat het overigens om veredelde afstammelingen van wilde rozen. De vaker en ook nabloeiende struikrozen steken veel energie in de bloei en blijven daardoor meestal kleiner. Vele worden 'slechts' 1-1,50 m hoog, andere echter 2 m en hoger. Soorten die meer rechtop groeien zijn bijzonder geschikt voor kleine tuinen en bloeiende hagen, terwijl breeduit groeiende exemplaren met overhangende takken meer plaats innemen. De bloeivorm varieert van eenvoudig en natuurlijk tot elegant theeroosvormig. Met name de bloemen (enkelbloemig) vormen geliefde nectarbronnen voor bijen, hommels en vlinders; bovendien geven de rozen overvloedig bottels. Door hun innemende gestalte verlenen struikrozen graag in hun eentje ergens een accent aan. Ze mogen nooit verstopt staan, maar moeten altijd vrij en goed zichtbaar staan – ze behoren immers tot de meest bloeigrage rozen. Wie veel plaats heeft, kan ook groepen van twee of drie planten bij elkaar zetten, die dan één indrukwekkende struik bouwen. In het algemeen laten de struikrozen, waartoe ook veel oude en Engelse rozen behoren, zich goed met andere sierstruiken combineren.

Rosa 'Angela'

Standplaats:

Eigenschappen:

Toepassing:

HERKOMST: gekweekt, Kordes 1984.

GROEI: bossig en opgaand, losjes vertakt, gemiddeld sterk groeiend, 1-1,50 m hoog.

BLOEI: de oudroze, halfgevulde bloemen hebben een natuurlijke charme. In het midden zijn ze lichter van kleur en tonen duidelijk hun gele meeldraden. De komvormig geopende bloemen zijn met een diameter van 4-6 cm middelgroot. Ze verschijnen in grote trossen nagenoeg doorlopend tot aan de herfst en geuren licht.

BIJZONDERE EIGENSCHAPPEN: deze roos neemt verzorgingsfoutjes niet meteen zwaar op. Hij gedijt zowel in de zon als in de halfschaduw, en de bloemen verdragen ook langere neerslag. De roos verkreeg in 1982 het ADR-predikaat.

GEBRUIK: de compacte plant is ideaal voor kleine tuinen, waar hij solitair of in groepen kan staan. Afhankelijk van hoe dicht u de planten bij elkaar wilt hebben, zijn tot drie planten per vierkante meter genoeg. De roos voegt zich prima als haag en laat zich goed met andere planten combineren.

Rosa 'Bischofsstadt Paderborn'

HERKOMST: gekweekt, Kordes 1964.

GROEI: bossig en opgaand, rijk vertakt, 1-1,50 m hoog, tot 1 m breed.

BLOEI: uit de scharlakenrode, druppelvormige knoppen ontwikkelen zich oranje tot vermiljoenrode bloemen met een fluwelige glans. De roos is enkelbloemig tot half gevuld, komvormig en circa 8 cm breed, het hart geelachtig wit. Ze hangen op soepele wijze boven het groene, iets glanzende blad dat roodachtig gestreept is, en verschijnen tot aan de eerste vorst.

BIJZONDERE EIGENSCHAPPEN: deze klassieker met zijn stralend rode bloemen werd in 1968 bekroond met het ADR-predikaat.

GEBRUIK: het rood van de bloemen valt al van verre op, of hij nu solitair of in een groep staat. Omdat hij ook in de halfschaduw groeit, brengt hij in wat donkerder tuinhoeken lichte accenten. In een haag kunt u hem, zonder ooit te snoeien, gerust laten groeien. We raden één tot twee planten per vierkante meter aan, bij hagen een afstand van circa 80 cm. De roos is een goede bestuiver.

Standplaats:
☼ – ☀

Eigenschappen:
❀❀

Rosa 'Colette'

Standplaats:

Eigenschappen:

Toepassing:

HERKOMST: gekweekt, Meilland 1993.

GROEI: bossig en opgaand, krachtig vertakt, tot 2 m hoog en 1 m breed.

BLOEI: de sterkgevulde, rozetvormige bloemen herinneren aan de typische vorm van oude rozen. Ze zijn zalmroze en bij het verbloeien vertoont het hart een goudbruine tint. Met een diameter van 8 cm zijn ze relatief groot. Bovendien geuren ze heerlijk. De bloemtrossen harmoniëren wat kleur betreft zeer goed met het bescheiden groene blad.

BIJZONDERE EIGENSCHAPPEN: de rijkbloeiende soort verspreidt met zijn grappige ronde bloemen een nostalgische sfeer en een heerlijke geur. De roos is ongevoelig voor meeldauw en sterroetdauw.

GEBRUIK: de imposante struik kan alleen staan maar komt in groepen ook goed uit. Maximaal één plant per vierkante meter is bij deze roos de goede maat.

GELIJKENDE SOORTEN: de helderroze 'Eden Rose 85' behoort ook tot de 'romanticarozen' van de Franse rozenkweker Meilland, die zich door hun sterkgevulde bloemen kenmerken.

Rosa 'Darthuizer Orange Fire'

HERKOMST: gekweekt, Ilsink/Pekmez 1987.

GROEI: breeduit en bossig, rijk vertakt, tot 1,50 m hoog.

BLOEI: in tegenstelling tot de donkerrode knop zijn de bloe-men stralend oranje- tot helderrood. Ze bloeien komvormig open, zijn half gevuld en hangen in soepele trossen boven het iets glanzende, groene blad. De gewelfde bloemblaadjes geven de roos zijn bijzondere charme. De soort is vaker bloei-end.

BIJZONDERE EIGENSCHAPPEN: opvallende kleur voor elke tuin.

GEBRUIK: deze veelzijdige roos kan alleen, in groe-pen of in hagen staan. Voor hagen adviseren we één plant per vierkante meter en een onderlinge plantafstand van circa 80 cm.

GELIJKENDE SOORTEN: 'Brillant' bezit vurig oranje bloemen die bovendien geuren naar wilde rozen. De soort bloeit overvloedig tot in de herfst en heeft een bossige vorm. Net zo vurig oranje zijn de half-gevulde bloemen van 'Feuerwerk'. Beide soorten worden tot 1,50 m hoog.

Standplaats:

Eigenschappen:

Rosa 'Dirigent'

Standplaats:
☼

Eigenschappen:
✿✿✿

HERKOMST: gekweekt, Tantau 1956.

GROEI: opgaande groei, breeduit en bossig, gemiddeld sterk groeiend, 1,50-1,80 m hoog, 1-1,20 m breed.

BLOEI: de bloedrode bloemen zijn halfgevuld en bloeien komvormig open. Met een diameter van 8 cm zijn ze relatief groot. Omdat ze in groten getale in dichte trossen groeien, vallen ze nog meer op. De bloemen staan in mooi contrast met het glanzend groene blad.

BIJZONDERE EIGENSCHAPPEN: deze robuuste soort combineert een unieke, stralende kleurenpracht met een rijke bloei die geen pauzes kent. Al in 1958 werd de roos uitverkoren voor het ADR-predikaat en die keuze is tot op heden correct gebleken.

GEBRUIK: de struikroos slaat zowel als solitair als in een groep een goed figuur. Hij heeft wel veel plaats nodig om zijn mooie vorm goed tot uitdrukking te laten komen. Bij voorkeur geschikt voor hagen, waar hij zonder snoeimaatregelen goed groeit. De plantafstand voor vrije plaatsen is 1,50-2 m, voor in hagen 70-80 cm. De roos verdraagt warme, zonnige standplaatsen, maar ook langdurige neerslag. Binnen de insectenwereld is hij een geliefde stuifmeelleverancier.

Rosa 'Dornröschen'

HERKOMST: gekweekt, Kordes 1960. Hybride van *Rosa acicularis*.

GROEI: opgaande groei, bossig vertakt, gemiddeld snelle groei, 1-1,50 m hoog en breed.

BLOEI: de gevulde, theeroosvormige bloemen zijn puur donkerroze van kleur. Ze zitten met tot tien bloemen in schermen, waarbij elke bloem een diameter van 6-8 cm heeft. De bloeitijd ligt in de maanden juni-juli.

VRUCHTEN: met name bij de niet-gesnoeide exemplaren verschijnen in de herfst bottels.

BIJZONDERE EIGENSCHAPPEN: de 'Dornröschen' behoort tot de eenmalig bloeiende struikrozen, maar bloeit in de herfst vaak nog een beetje na. Bloeit vroeg en weelderig.

GEBRUIK: door zijn elegantie is deze roos als solitair met wat ruimte om zich heen erg op zijn plaats vanwege zijn prachtige aanblik; dus ook geschikt voor kleine tuinen. Eventueel in grotere tuinen als groep, of als haag zonder dat snoei nodig is. De plantafstand als solitair is 1,5-2 m, in een groep 1-1,50 m.

Standplaats:

Eigenschappen:

Rosa 'Erfurt'

Standplaats:

Eigenschappen:

HERKOMST: gekweekt, Kordes 1939.

GROEI: krachtige opgaande groei, takken licht overhangend, tot 1,50 m hoog en 1,20 m breed.

BLOEI: enkelbloemig; de komvormige bloemen zijn rozerood, in het midden witgeel met opvallende, bruine meeldraden. Ze verschijnen weelderig en verspreiden een lichte geur. De kleur van de bloemen staat bijzonder mooi bij het donkergroene, iets glanzende blad.

BIJZONDERE EIGENSCHAPPEN: hoewel hij al lange tijd op de markt is, is deze bijzondere en sterke soort met zijn charme van wilde rozen nog altijd populair.

GEBRUIK: de struikroos is geschikt voor een plaatsje alleen of in een groep. Hij vormt een goede keus voor hagen en tolereert net zo goed halfschaduw als een minder voedselrijke grond.

GELIJKENDE SOORTEN: de 'Angelina' stamt uit het jaar 1976 en is een soort van de Engelse rozenkweker Cocker. De lichtgevulde, rozerode bloemen met een lichter midden geuren intens. Ze blijven wat kleiner, zodat de roos ideaal is voor in een kuip of pot.

Rosa 'Felicitas'

HERKOMST: gekweekt, Kordes 1998.

GROEI: breeduit en bossig, uitbundig, overhangende takken, tot 80 cm hoog en 1,50 m breed.

Standplaats:
☼

Eigenschappen:
✿✿ ⟋

BLOEI: enkelbloemig; de middelgrote bloemen vertonen een krachtig karmozijnroze kleur. Daarmee vormen de gele meeldraden een prachtig kleurrijk contrast. De bloemen groeien in dichte schermen boven het sterk glanzende, groene blad en verspreiden een lichte geur.

BIJZONDERE EIGENSCHAPPEN: de soort is uiterst veelzijdig en sterk. Hij verkreeg daarom in 1998 het ADR-predikaat.

GEBRUIK: als u al veel planten in uw tuin hebt staan, is deze roos een prachtige solitair, maar een groep geeft wel een heel apart kleureffect. Omdat de struik niet zo hoog wordt en met zijn overhangende takken vooral in de breedte groeit, bedekt hij snel lege vlakken

GELIJKENDE SOORTEN: de 'Northern Lights' betovert met donkerroze bloemen – enkelbloemig tot lichtgevulde bloemen – en kan ook als bodembedekker dienen.

Rosa 'Ferdy'

Standplaats:
☼ – ☼

Eigenschappen:
❀

Toepassing:
🗑

HERKOMST: gekweekt, Suzuki/Keisei Nursery 1984.

GROEI: breeduit en bossig, dicht vertakt, takken overhangend en met veel doorns, 60-90 cm hoog en bijna net zo breed.

BLOEI: de gevulde bloemen tonen een krachtig zalmroze met een geel hart. Ze zijn komvormig en met een diameter van circa 4 cm relatief klein. De dichte bloemtrossen zijn als parels aan een snoer aan de takken geregen en bedekken het glanzend groene, geveerde blad bijna geheel.

BIJZONDERE EIGENSCHAPPEN: deze geliefde Japanse variëteit boeit door de manier waarop zijn bloemen zijn gevuld en zijn gezondheid. Meeldauw en sterroetdauw krijgen geen kans. Omdat de roos bloeit aan tweejarige takken, wordt hij niet teruggesnoeid. Alleen wanneer het echt nodig is, kunt u de roos iets uitlichten.

GEBRUIK: een veelzijdige soort die geschikt is als decoratieve solitairstruik maar ook als bodembedekker. Kan mooie, open hagen maken en is geschikt om – dankzij de overhangende takken – decoratief vanaf een muur naar beneden te hangen. Zeer winterhard en gedijt ook in een kuip.

Rosa 'Freisinger Morgenröte'

HERKOMST: gekweekt, Kordes 1988.

GROEI: breeduit en bossig, sterk groeiend, 1,20-1,50 m hoog.

BLOEI: de ronde, gevulde bloemen hebben de vorm van groot-bloemige rozen. Ze laten op een gele ondergrond een oranje tint zien en verlopen naar de randen toe rozerood. Met hun diameter van tot 12 cm zijn ze zeer groot; de naar buiten toe gewelfde bloemblaadjes bieden een zeer aparte charme. Ze geuren intens. De dichte trossen verdelen zich over het diepgroene, glanzende blad.

BIJZONDERE EIGENSCHAPPEN: voor liefhebbers van uitgesproken kleurtinten en romantische bloemvormen is dit sterke karakter de goede keuze.

GEBRUIK: een mooi gevormde struikroos, ideaal voor een plaatsje alleen. Echter in groepen of hagen geplant wordt het kleureffect optimaal. Het zachte kleurenpalet van de bloemen komt tegen een donkergroene achtergrond beter tot uiting.

GELIJKENDE SOORTEN: de gevulde bloemen van 'Caramella' met de romantisch gewelfde bloemblaadjes zijn barnsteengeel.

Standplaats:
☼

Eigenschappen:
✿✿ ↵

Toepassing:
✂ ✗

Rosa 'Frühlingsduft'

HERKOMST: gekweekt, Kordes 1949. Hybride van *Rosa spinosissima* 'Altaica' (vroeger *R. pimpinellifolia*).

GROEI: opgaand, struikvormig, takken overhangend, tot 3 m hoog en 1,80-2 m breed.

BLOEI: de grote, halfgevulde bloemen zijn in het begin bijna citroengeel en gaan dan over in een tint roze. Ze verschijnen al in de lente, en dan in groten getale, en verspreiden een intense geur. Ze vormen een bijzonder mooi contrast met het donkergroene, gewelfde en geveerde blad.

BIJZONDERE EIGENSCHAPPEN: afstammeling van de Duinroos, heeft noch ingeboet aan de robuustheid noch aan nostalgische charme. Vroeger een geliefde roos in de boerentuin, nog altijd een roos die met zijn vroege bloei eenieder bekoort.

GEBRUIK: de grote, weinig veeleisende struik vult als solitair of in een groep ook de meer beschaduwde of donkerder plekken in de tuin, en wil bovendien groeien op minder voedselrijke plaatsen. Zijn roze bloemen steken mooi af tegen een donkere achtergrond: daarom is de soort erg geschikt voor plaatsing voor een reeks struiken of voor struikgewas.

GELIJKENDE SOORTEN: van de hand van de Duitse rozenkweker Kordes zijn talrijke andere 'voorjaarsrozen', die alle sterk geuren en tot 2 m hoog worden, bijvoorbeeld de 'Frühlingsanfang' (enkelbloemig, wit, veel bottels), de 'Frühlingsmorgen' (enkelbloemig, kersenrood met een geel hart, veel bottels) en de 'Frühlingszauber' (halfgevulde bloemen, felrood met een geel hart).

ROZENBOTTELCOMPOTE

Week 150 gram gedroogde bottels een paar uur in een halve liter water. Giet de helft van het water af, vul aan met 2,5 deciliter witte wijn en voeg 200 gram suiker toe. Laat het geheel onder voortdurend roeren 5 minuten koken. Serveer de afgekoelde compote als dessert, bijvoorbeeld bij flensjes, pudding of ijs.

Rosa 'Händel'

Standplaats:
☼

Eigenschappen:
✿✿✿ ∿

HERKOMST: gekweekt, McGredy 1965.

GROEI: opgaand, rijk vertakt, als struik tot 1,50 m hoog en breed, klimmend in een milder klimaat nog hoger.

BLOEI: de halfgevulde bloemen zijn zilverachtig wit en voorzien van een smalle tot wat bredere, roze tot rode rand. De bloemblaadjes zijn gewelfd, wat de roos een romantische flair geeft. De bloemen zijn circa 8 cm breed en verspreiden een lichte geur. Ze verschijnen ononderbroken de hele zomer door. Voor het donkergroene, bijna purperkleurige blad genereren ze een mooi effect.

BIJZONDERE EIGENSCHAPPEN: de aparte soort met de opvallende, tweekleurige bloemen vormt nog altijd een rariteit onder de struikrozen. Eén voorouder is de roodbloeiende klimroos 'Gruß an Heidelberg', en die heeft zijn groeikracht duidelijk doorgegeven.

GEBRUIK: een blikvanger in elke tuin – alleen en in een groep. De soort laat zich ook als klimroos opvoeden, waarbij hij bijzonder mooi uitkomt over piramiden en zuilen van traliewerk.

Rosa 'Jacqueline de Pré'

HERKOMST: gekweekt, Harkness 1989.

GROEI: opgaand, bossig, sterk groeiend, 1,20 m hoog, tot 1,50 m breed.

BLOEI: de grote, slechts lichtgevulde bloemen zijn ivoorwit en tonen zeer opvallende, roodachtig gouden meeldraden. Ze hebben een diameter van circa 10 cm, waarbij hun vorm doet denken aan die van de clematis. Hun intense muskusgeur is echter enig in zijn soort. De bloemen verschijnen overvloedig boven het donkergroene blad. Bloeit na de hoofdbloei nog krachtig na.

BIJZONDERE EIGENSCHAPPEN: een unieke roos die ook op minder humusrijke bodem groeit. Hij verdient het om ook buiten zijn directe kring van bewonderaars gewaardeerd te worden.

GEBRUIK: bezitters van kleine tuinen zullen van deze compacte struik, die tevens een aantrekkelijke kuipplant is, veel plezier hebben. Met zijn groei in de breedte is hij ook geschikt voor hagen.

GELIJKENDE SOORTEN: de enkelbloemige, witte 'Rosenzauber' (80-100 cm) toont eerst een zweem roze.

Standplaats:
☼

Eigenschappen:
❀❀❀ ↶

Toepassing:
▥

Rosa 'Lavender Lassie'

Standplaats:
☼ – ☼

Eigenschappen:
❀❀ ♪

Toepassing:
🪣 ✂ ✗

HERKOMST: gekweekt, Kordes 1960.

GROEI: opgaand, bossig, 1,50 m hoog, circa 1,20 m breed.

BLOEI: grote, gevulde bloemen in zacht lavendelroze die contrastrijk afsteken tegen het donkergroene blad. De gewelfde bloemblaadjes verlenen de komvormige, geurende roos een nostalgische sfeertoon. De bloemtrossen verschijnen ononderbroken tot in de herfst.

BIJZONDERE EIGENSCHAPPEN: deze mooie roos vraagt weinig verzorging. Hij tolereert zelfs plekken in de halfschaduw en minder vruchtbare en humusrijke grond. Het blad is gezond en weinig vatbaar voor schimmelziekten.

GEBRUIK: de 'Lavender Lassie' is vanwege zijn compacte maten een ideale keus voor kleine tuinen. Ook geschikt voor open hagen. Hij groeit goed in kuipen en kan zelfs als klimmer worden opgevoed.

GELIJKENDE SOORTEN: de sterkgevulde, geurende bloemen van de 'Rosenresli' tonen een kleurenpalet van oranjeroze tot karmozijnrood; de soort kan tegen tralienwerk klimmen.

Rosa 'Lichtkönigin Lucia'

HERKOMST: gekweekt, Kordes 1966.

GROEI: opgaand, bossig vertakt, 1-1,50 m hoog, tot 90 cm breed.

BLOEI: de fel citroengele, lichtgevulde bloemen verschijnen van de vroege zomer tot in de late herfst. De lichtgeurende bloemen hebben een diameter van 8-10 cm, waarvan er steeds meerdere in schermen zitten. De bloemen steken sterk af tegen het groene blad. Ook mooi zijn de gele knoppen met roodachtige strepen.

Standplaats:
☼ – ☀

Eigenschappen:
✿✿ ♪

Toepassing:
🪣 ✂

BIJZONDERE EIGENSCHAPPEN: deze robuuste en uiterst winterharde soort is een van de weinige stralend gele struikrozen. Voor zijn goede eigenschappen verkreeg hij in 1968 het ADR-predikaat.

GEBRUIK: een prachtige vorm voor een roos alleen, ook voor groepen, en een aanbeveling voor open hagen. Hij kan in gure streken staan maar verdraagt ook zonniger streken met hitte en halfschaduw. Staat dankzij de gele bloemen mooi voor donkere struiken of struikgewas. Geschikt als kuipplant. De bloemen staan lang op de vaas.

Rosa 'Maigold'

Standplaats:

Eigenschappen:

Toepassing:

HERKOMST: gekweekt, Kordes 1953. Hybride van *Rosa spinosissima* (vroeger *R. pimpinellifolia*).

GROEI: opgaand, struikvormig, met name in het bovenste deel goed vertakt, krachtig groeiend, lange en overhangende takken, veel doorns, 2-2,50 m hoog en breed.

BLOEI: de goudgele bloemen met een vleugje koper zijn halfgevuld. Als ze zijn geopend, zijn het net losse, vlakke schermpjes. Met een diameter van 8-10 cm zijn ze aardig groot, bovendien geuren ze sterk. Ze verschijnen al van mei tot juni, in de vorm van één roos per steel of in trossen. Na de weelderige hoofdbloei in de vroege zomer volgt meestal een lichte nabloei in de herfst.

BIJZONDERE EIGENSCHAPPEN: opdat de roos aan de onderzijde niet kaal wordt, is het raadzaam hem op tijd te verjongen. U snoeit de struik dan na de bloei tot op de grond af.

GEBRUIK: de struik verdraagt de halfschaduw. Hij groeit breeduit en heeft daarom veel plaats nodig, zodat ook de in bogen overhangende takken mooi uitkomen. Ideaal is een plantafstand van 3 m. Hoewel het geschiktst als solitair, kan hij worden geleid als klimroos.

Rosa 'Mein schöner Garten'

HERKOMST: gekweekt, Kordes 1997.

GROEI: opgaande groei, bossig vertakt, 1-1,50 m hoog.

BLOEI: de zalmroze, halfgevulde bloemen zijn in het midden wat lichter van kleur. Ze groeien in schermen en verschijnen ononderbroken de hele zomer door. Ze verspreiden een fruitige geur. Het donkergroene, glanzende blad benadrukt het roze van de bloemen.

Standplaats:

Eigenschappen:

Toepassing:

BIJZONDERE EIGENSCHAPPEN: de bekroonde soort verenigt bloeirijkdom met een romantische bloemvorm en een gezonde, sterke natuur. De 'Mein schöner Garten' groeit op warme, zonnige plaatsen net zo goed als in de halfschaduw, en de bloemen behouden ook in de regen hun vorm.

GEBRUIK: hoewel de roos als solitair al de aandacht trekt, komt de bloemenpracht met name in groepen tot uiting. Omdat deze struik niet zo groot wordt, is hij geschikt als kuipplant en evenzeer als beplanting voor graven.

GELIJKENDE SOORTEN: de roze bloeiende 'Dornröschenschloß Sababurg' brengt een vleugje (sprookjes)romantiek en verspreidt de geur van wilde rozen.

Rosa 'Parkjuwel'

Standplaats:
☼ – ☼

Eigenschappen:
❀ ⌇

HERKOMST: gekweekt, Kordes 1956.

GROEI: opgaande groei, bossig, sterk vertakt, krachtig groeiend, 1,50-2 m hoog en 2-2,50 m breed.

BLOEI: uit de aantrekkelijke, bemoste knoppen ontvouwen zich grote, gevulde bloemen in een intense kleur rozerood. Ze zijn bolvormig rond, circa 12 cm breed en verschijnen in groten getale in juni-juli. Ze geuren dan aangenaam. De nostalgische bloemen hebben boven het donkere, enigszins geplooide blad een bijzonder decoratief effect.

BIJZONDERE EIGENSCHAPPEN: de voorouder is een onbekende rode mosroos. Daaraan dankt de soort naast de bloemvorm zijn bemoste knoppen en stelen. Hij behoeft geen speciale verzorging, en groeit ook nog goed op minder gunstige grond en in de halfschadúw.

GEBRUIK: wie veel plaats heeft, kan deze omvangrijke parkroos als enkele blikvanger planten. De roos is ook geschikt als klimroos en kan hoge hagen vormen.

GELIJKENDE SOORTEN: de 'Parkzauber' blijft wat kleiner en bloeit in stralend fuchsiarood.

Rosa 'Park Wilhelmshöhe'

HERKOMST: gekweekt, Kordes 1987. Hybride van de *Rosa gallica.*

GROEI: breeduit en bossig, krachtig groeiend, takken overhangend, 80-100 cm hoog.

BLOEI: de komvormige, gevulde bloemen zijn fel karmozijnroze. Met hun losse, als een trosje hangende bloeiwijze laten ze de sfeer van oude rozen herleven. Bovendien geuren ze heerlijk. Met hun kleur steken ze prachtig af tegen het kleine, donkergroene blad. De bloeitijd loopt van juni tot juli.

Standplaats:
☼

Eigenschappen:
❀ ৶

Toepassing:
✄ ✗

BIJZONDERE EIGENSCHAPPEN: een robuuste parkroos met de romantisch bloemvulling van oude rozen.

GEBRUIK: de soort is erg geschikt voor een plaatsje alleen. Bij voldoende plaats groeit hij uitbundig, zodat zijn unieke karakter en verschijning zich goed kunnen ontplooien.

GELIJKENDE SOORTEN: de 'Sir Henry', een afstammeling van de *Rosa rugosa*, getuigt met zijn gevulde, magentalila bloemen van een nostalgische sierlijkheid. De bloemen geuren intens. De bossige struik wordt tot 1 m hoog.

Rosa 'Pink Grootendorst'

Standplaats:

Eigenschappen:

Toepassing:

HERKOMST: gekweekt, Grootendorst 1923. Hybride van de *Rosa rugosa*.

GROEI: strak opgaande groei, met name bovenin dicht vertakt, veel doorns, 1-1,50 m hoog en breed.

BLOEI: de gevulde bloemen zijn bij het ontluiken roze, later verbleken ze tot lichter roze. Met de aan de rand gefranjerde bloemblaadjes zien ze er bijna uit als pioenrozen. Hun diameter bedraagt slechts circa 4 cm, maar daarvoor zitten ze dan wel met zeer veel in trossen, die over het glanzend groene, gerimpelde blad hangen. De soort bloeit van juni tot augustus met een zwakke nabloei in de herfst.

BIJZONDERE EIGENSCHAPPEN: de oude soort heeft tot op de dag van vandaag weinig van zijn charme verloren. Aan zijn bloeivorm dankt hij de bijnaam 'pioenroos'.

GEBRUIK: deze veelzijdige roos kan solitair, in kleine groepen of als haag worden toegepast. De plantafstand (1-2 m) bepaalt hoe groot hij wordt. In hagen is 70-80 cm genoeg. Verdraagt de halfschaduw.

GELIJKENDE SOORTEN: de 'F. J. Grootendorst' vormt de rode tegenhanger.

Rosa 'Polka 91'

HERKOMST: gekweekt, Meilland 1991.

GROEI: opgaande groei, bossig, goed vertakt, 1,20-1,50 m hoog.

BLOEI: gevulde, barnsteengele bloemen met een nostalgische vorm. Per steel verschijnen twee tot drie bloemen, die een diameter van circa 7 cm bereiken en intens geuren.

Standplaats:

Eigenschappen:

BIJZONDERE EIGENSCHAPPEN: deze moderne, romantische struikroos imponeert met zijn buitengewone bloemkleur, gelijkmatige groei en intense geur. Hij behoort tot het assortiment 'romanticarozen' van de Franse rozenkweker Meilland.

GEBRUIK: geschikt als imposante solitair of als plant in een groep; maximaal twee planten per vierkante meter.

SALADE UIT DE TUIN
Voeg eens wat rozenblaadjes toe aan een groene, gemengde salade, of daarbij ook nog het blad van madeliefjes, paardebloemen, Oost-Indische kers of van wat u verder aan eetbaars hebt in de tuin. De dressing: een gewone marinade van olie en azijn, naar wens gezoet met honing en appel(dik)sap.

Rosa 'Pur Caprice'

Standplaats:
☼

Eigenschappen:

Toepassing:

HERKOMST: gekweekt, Delbard 1997.

GROEI: bossig, krachtig groeiend, 80-100 cm hoog.

BLOEI: de halfgevulde bloemen tonen een interessante kleuren-wisseling van geel naar roze en naar groenachtige kleurtonen. De bloemblaadjes zijn aan de rand gefranjerd en verlenen de bloem een natuurlijk, ongeordend karakter. De meeldraden zijn in het hart duidelijk zichtbaar. De bloemen vormen een fantastisch contrast met het dichte, donkergroene bladerdek.

BIJZONDERE EIGENSCHAPPEN: een van de veredelde, zacht-geurende wilderozenvariëteiten van de Franse rozenexpert Delbard, die ook in onze streken bijzonder winterhard is.

GEBRUIK: deze compacte soort is geschikt als struik- en perk-roos en vormt een goede keuze voor kleine tuinen en kuipen. Altijd een blikvanger, of hij nu alleen in een perk of border staat of in een groep.

GELIJKENDE SOORTEN: bij de 'Citron-Fraise' (1-1,20 m) is elke bloei anders. De ene keer zijn de bloemen effen roze, dan weer bijna wit of uitgedost in twee kleuren. Ze zijn altijd halfgevuld en verspreiden een zachte geur. Liefhebbers van een sterkere

geur zullen dan tevreden zijn met de 'schildersrozen' van dezelfde kweker. Ze worden onder de naam 'Paul Cézanne' ingedeeld bij de grootbloemige rozen. De Franse flair vindt u ook bij de 'geurrozen uit de Provence' van Meilland: meer of minder gevulde grootbloemige rozen met verschillende groeihoogten.

Rozenlikeur

Voor dranken met een rozenaroma zijn de bloemblaadjes van geurrozen het geschiktst. Voor deze variant doet u twintig sterkgeurende blaadjes met driekwart liter witte rum en 200 gram witte kandijsuiker in een afsluitbare pot. Laat de pot zes weken staan op een koele plaats en roer de likeur af en toe door. Zeef de likeur en giet hem eventueel over in een decoratieve schenkfles.

Rosa 'Romanze'

Standplaats:

Eigenschappen:

Toepassing:

HERKOMST: gekweekt, Tantau 1984.

GROEI: opgaande groei, breeduit en bossig, 1-1,50 m hoog en circa 80 cm breed.

BLOEI: uit de druppelvormige, rode knoppen komen stralend roze, gevulde bloemen tevoorschijn met gewelfde bloemblaadjes. Met een diameter van 10-12 cm zijn ze zeer groot. De roos bloeit tot in de late nerfsten verspreidt een lichte rozengeur.

BIJZONDERE EIGENSCHAPPEN: robuuste, winterharde soort, die zowel volle zon als halfschaduw verdraagt. De bloemen kunnen wat neerslag betreft behoorlijk wat incasseren. In 1986 werd de roos uitverkoren voor het ADR-predikaat.

GEBRUIK: de struik heeft een prachtige vorm en brengt daarom als solitair of desnoods in kleine groepen goede accenten aan. Hij groeit zelfs mooi in een kuip op het balkon. Door zijn brede groei en dichte bladerdek vult hij, op onderlinge afstand van circa 60 cm geplant, in hoog tempo lege plekken op; kies voor één plant per vierkante meter. Omdat hij nauwelijks verzorging vraagt, is hij ook geschikt voor ruimere beplanting van graven.

Rosa 'Scharlachglut'

HERKOMST: gekweekt, Kordes 1952. Hybride van de *Rosa gallica*. Syn. 'Scarlet Fire'.

GROEI: opgaand, breeduit en bossig, takken overhangend, krachtig groeiend; 2 m hoog en breed, maar vaak nog groter.

BLOEI: enkelbloemig; komvormige, in stralend scharlakenrood gedoopte bloemen, die in het hart de goudgele meeldraden vrijgeven. Ze bereiken een diameter van 8-10 cm, meestal één bloem per steel. De bloeitijd is juni-juli. De bloemen hebben een zachte geur.

VRUCHTEN: in de herfst verschijnen er talloze, kogelvormige bottels in een glanzend kersenrood.

BIJZONDERE EIGENSCHAPPEN: een rozenstruik met een opvallende bloemkleur en indrukwekkende maten, die veel ruimte nodig heeft. Daar staat tegenover dat hij ook met een plaats in de halfschaduw genoegen neemt en met minder humusrijke grond.

GEBRUIK: de uitbundig groeiende soort neemt als solitair al veel plaats in: de plantafstand is 3 m. In grote tuinen en parken kan de plant wel als groep functioneren. De roos klimt graag in bomen.

Standplaats:
☼ – ☀

Eigenschappen:
❀ ⌒ ✿

Rosa 'Schneewittchen'

Standplaats:

Eigenschappen:

Toepassing:

HERKOMST: gekweekt, Kordes 1958. Syn. 'Iceberg', 'Fée des Neiges'.

GROEI: opgaande groei, breeduit en bossig, takken overhangend, 1-1,50 m hoog.

BLOEI: stralend witte, gevulde bloemen met een diameter van 8 cm. Ze geuren licht en vormen samen dichte schermen. De bloeitijd begint vroeg in de zomer en houdt aan tot in de herfst.

VRUCHTEN: overvloedige groei van bottels.

BIJZONDERE EIGENSCHAPPEN: een klassieker onder de witte struikrozen: vorst- en regenbestendig, nauwelijks bevattelijk voor ziekten. Bovendien verdraagt hij volle zon net zo goed als de halfschaduw en lokt hij bijen en hommels. Top- (2003) en ADR-roos (1960).

GEBRUIK: door de neutrale bloemkleur laat de weinig verzorging vragende plant zich prima met rozen en planten van een andere kleur combineren. U kunt de roos alleen of in groepen plaatsen. Als haag rondom maakt hij een bloeiend raamwerk. Als kuipplant maar ook als hoogstamroos slaat hij een goed figuur.

GELIJKENDE SOORTEN: de gevulde bloemen van de 'Vogelpark Walsrode' stralen weliswaar niet in puur wit, maar betoveren met hun zacht porseleinroze dat een beetje neigt naar wit. De soort is net zo veelzijdig als de 'Schneewittchen'. De 'White Gold' is een nieuwe witte soort met grote, gevulde bloemen. De 'White Nights' bloeit in crèmewit.

ROZENBOTTELTHEE

Een effectief en natuurlijk medicijn tegen verkoudheid. De thee werkt bloedzuiverend, vochtafdrijvend en stimuleert de stofwisseling. Eerst droogt u de bottelkernen in een lauwwarme oven van 100 °C, waarbij u ze uitlegt op bakpapier, totdat de haartjes eraf vallen. De gedroogde bottels kookt u in water om er thee van te maken: 1 eetlepel kernen op 1 liter water gedurende 10 minuten. Zeven voor gebruik.

Rosa 'Weiße Wolke'

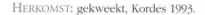

Standplaats:
☼

Eigenschappen:
❀❀❀ ꙮ

Toepassing:
🪴

HERKOMST: gekweekt, Kordes 1993.

GROEI: breeduit en bossig, overvloedig, 90 cm hoog, 70 cm breed.

BLOEI: de zuiver witte, lieflijk geurende bloemen zijn gevuld en ontvouwen zich komvormig. De talrijke, stralend gele meeldraden vallen dan ook meteen op. Een bloem heeft een diameter van 10 cm en is daarmee zeer groot, zodat ook de trossen waarin ze groeien omvangrijk zijn. Het donkergroene, glanzende blad wordt er bijna geheel mee bedekt.

BIJZONDERE EIGENSCHAPPEN: een wolk van bloemen en geuren, ook voor de kleinere tuin.

GEBRUIK: de roos is een indrukwekkende solitair. Met zijn groei in de breedte en het dichte groen vult de struik snel een lege plek. De roos is ook geschikt voor lage hagen en ruime kuipen.

GELIJKENDE SOORTEN: de 'Pearl Drift' is een Engelse soort uit 1980 en een afstammeling van de klimroos 'New Dawn'. De witte bloemen laten een zachtroze zweem zien en de plant zelf bloeit nog iets uitbundiger dan de 'Weiße Wolke'. Verder lijken deze rozenstruiken erg op elkaar.

Rosa 'Westerland'

HERKOMST: gekweekt, Kordes 1969.

GROEI: opgaande groei, breeduit en bossig, goed vertakt, compact van structuur, 1,50-2 m hoog.

BLOEI: de schitterende, abrikooskleurige bloemen worden bij het verbloeien lichtroze. Ze zijn half gevuld en openen zich komvormig, waarbij ze een diameter van 10 cm bereiken. De weelderige schermen bloemen verspreiden een intense geur.

Standplaats:
☼

Eigenschappen:
❀❀ ⌒

Toepassing:
🗑 ✂ ✕

BIJZONDERE EIGENSCHAPPEN: de spectaculaire bloemkleur zien we niet bij veel soorten terug. Bovendien heeft deze roos weinig verzorging nodig, verdraagt hij hitte en een plaats in de zon en hebben de bloemen bij regen weinig te lijden. Dit alles werd in 1974 beloond met het ADR-predikaat.

GEBRUIK: opvallende kleurbezorger voor elke tuin: solitair, in groepen of in hagen. Groeit ook prima als kuipplant.

GELIJKENDE SOORTEN: de 'Belvedere' boeit met prachtige, gevulde bloemen in oranjeabrikoos. De halfgevulde bloemen van de 'Bonanza' zijn goudgeel met een koperrood randje.

PUUR NATUUR MET WILDE ROZEN

Bij wilde rozen gaat het om eenmalig bloeiende, via zaden of stekken vermeerderde rozenstruiken met enkele bloemen – dat heet enkelbloemig. De struiken groeien 1 tot 3 m hoog en worden vaak ingedeeld bij de eenmalig bloeiende struik- en parkrozen. Vanwege hun weelderige groei zijn de pure soorten geschikt voor grote tuinen en landschapsbeplantingen – de andere soorten vallen ook wel eens kleiner uit. Ze kunnen als imposante solitairen accenten aanbrengen, als haag tegen de wind en nieuwsgierige blikken beschermen, als bodembedekker taluds en hellingen vastzetten. Wilde rozen brengen altijd oorspronkelijkheid in de tuin. Als stuifmeel- en rozenbottelleverancier zijn ze waardevol voor de dierenwereld. Uit de vitaminerijke bottels kunnen heerlijke gerechten en dranken worden bereid. Wie de Franse roos of de egelantierroos in de tuin heeft staan, kan zeer grote bottels oogsten. Als u ze niet snoeit, groeien wilde rozen uit tot grote, dichte, stekelige exemplaren, die onderdak bieden aan vogels en andere kleine dieren. Bij de *Rosa sericea* zijn de felrode stekels bovendien zeer decoratief. Bij wie voor wilde rozen kiest, staat het ecologische aspect waarschijnlijk voorop – meer dan aspecten als bijzondere kleuren en vormen. Dat betekent niet dat enkelbloemigen minder boeiend zijn. Zo zijn de hybride soorten van de *Rosa rugosa* bij de zweefvliegen zeer geliefd, die zich als natuurlijke vijanden aan hele colonnes bladluizen tegoed doen. Laat u verrassen door de veelzijdigheid van wilde rozen.

Rosa gallica
Franse roos

HERKOMST: de Franse roos of gallicaroos is in Midden- en Zuid-Europa tot aan Voor-Azië inheems.

GROEI: struikvormig, bossig, daarbij echter compact. De uitbreiding geschiedt door uitlopers onder de grond. Tot 1 m hoog en circa 50 cm breed.

BLOEI: donkerroze tot felrood met glanzend gele meeldraden. De enkele bloemen zijn komvormig en hebben een diameter van circa 7 cm. Ze zitten alleen of met twee of drie bij elkaar. Eenmalig bloeiend in juni-juli waarbij ze een lichte geur van wilde rozen verspreiden. De hier afgebeelde roos is de soort *Rosa gallica* 'Versicolor'.

VRUCHTEN: roodbruine, ronde tot peervormige bottels met klierachtige stekeltjes.

BIJZONDERE EIGENSCHAPPEN: deze wilde vorm behoort tot de oudste tuinrozen en is de 'moeder' van talrijke gecultiveerde soorten. De roos vraagt nauwelijks verzorging, is sterk en vooral geschikt voor natuurlijke tuinen. Tevens een voedingsbron en nestplaats voor vogels.

Rosa gallica 'Versicolor'

GEBRUIK: de struikvormige, wilde roos kan alleen staan, maar ook in een groep. Als uitstekende bodembedekker is hij ideaal voor op hellingen en langs de straat. Hij houdt van een zonnige standplaats en een kalkrijke grond. Schaduw van bomen en zandige grond verdraagt hij minder goed. Plant één tot twee planten per vierkante meter.

SOORTKEUZE: de witroze, halfgevulde bloemen van de 'Versicolor' (Rosa Mundi) zijn levendig karmozijnrood gestreept. De 'Belle Isis', met roze bloemen, geurt naar mirre en is ideaal voor de kleine tuin. De 'Hippolyte' heeft bloemen in mauve-violet en wordt tot 1,50 m hoog en breed. De 'Violacea' – ook bekend als 'La Belle Sultane' – heeft fluwelige, donkerrode, halfgevulde en lichtgeurende bloemen.

Rosa moyesii

HERKOMST: de bloedroos, zoals de soort vanwege zijn bloemenkleur ook wel wordt genoemd, stamt uit het westen van China en kwam in 1894 naar Europa.

GROEI: opgaande, zeer brede struik, 2-3 m hoog en tot 2 m breed. De roos heeft slechts een paar dikkere hoofdtakken, die zich in het bovenste deel van de plant vertakken.

BLOEI: de enkele bloemen, purperrood van kleur en komvormig geopend, zijn 3-5 cm breed. Ze liggen verdeeld langs de takken, waaraan ze alleen of met twee tot drie bloeien. Eenmalig bloeiend, in juni.

VRUCHTEN: in de herfst is de struik met zijn flesvormige bottels met oranjerood overgoten. De vruchten zijn met 4-5 cm zeer groot.

BIJZONDERE EIGENSCHAPPEN: de winterharde struik fourneert met zijn rijkdom aan bottels de vogelwereld. Bovendien vormt hij een geliefde nectarweide voor bijen en groeit hij ook goed in de halfschaduw.

GEBRUIK: de struik is een imposante solitair, maar kan bij voldoende ruimte ook in groepen worden geplaatst. De roos is zeer aan te raden voor de natuurlijke tuin. Per vierkante zet u maximaal twee planten. Omdat hij ook op zure grond groeit, is integreren in een heidetuin mogelijk.

SOORTKEUZE: door kruisingen zijn enkele interessante kruisingen ontstaan. Bijvoorbeeld de 'Nevada', met crèmewitte, halfgevulde bloemen. Na de hoofdbloei in juni-juli kunt u zich verheugen op de nabloei in de herfst. De 'Highdowensis' bloeit met donkerroze, enkele bloemen; de 'Marguerite Hilling' is bezaaid met trossen van halfgevulde, roze bloemen, maar groeit niet bijzonder snel.

Rosa multiflora
Veelbloemige roos

HERKOMST: de wilde vorm stamt uit Japan en Korea; in 1860 werd hij mee naar Frankrijk genomen. Daar ging hij verder als *Rosa polyantha* (polyantharoos) na kruisingen met grootbloemige rozen, wat heeft bijgedragen tot de ontwikkeling van de rijkbloeiende heesterrozen.

GROEI: struikvormig, sterk vertakt, krachtig groeiend, met een diameter van 2 m hoog en breed maar vaak nog groter. De takken hangen elegant boogvormig over.

BLOEI: uit de kleine witte knoppen ontspringen evenzo vele witte bloempjes. Ze zijn 2-3 cm breed en hebben vijf bloemblaadjes. Groeiend in piramidale, enorme trossen bloemen vormt dit alles een aantrekkelijk geheel over het glanzende groene blad. De bloeitijd is juni-juli. De roos verspreidt een lichte honinggeur.

VRUCHTEN: de roos ontwikkelt buitengewoon veel bottels, die slechts 0,5 cm groot zijn en kogelrond.

BIJZONDERE EIGENSCHAPPEN: deze veelbloemige roos draagt deze naam met recht, want in de grote bloemtrossen kunnen tot wel vijftig bloemen zitten.

GEBRUIK: in groepen geplant is de trosroos, zoals hij ook wel wordt genoemd, ideaal voor hoge hagen en voor het vastzetten van de grond van hellingen. Een goede plantafstand is 1-1,50 m. Als struik kan hij alleen staan, waarbij de beste omgeving een natuurlijke is. De *Rosa multiflora* vormt een veel toegepaste, stevige basis.

ROZEN VEREDELEN

Bij het oculeren wordt de knop (een oog) van een veredelde soort in een T-vormige uitsnede op de wortelhals van de onderstam van de wilde roos gezet (geënt). De beste tijd hiervoor is de zomer. De oculeerplek wordt met band of raffia omwonden, en in het voorjaar daarop wordt de nieuwe roos afgesneden.

Rosa rubiginosa
Egelantierroos

HERKOMST: de in Europa en West-Azië inheemse wilde roos is volgens aantekeningen al sedert het midden van de 16e eeuw in cultuur. Ook bekend als 'Sweet Briar'.

GROEI: opgaande struik met overhangende, met veel doorns bezette takken, krachtig groeiend, 2-3 m hoog, tot 2 m breed.

BLOEI: de enkele, rozerode, komvormige bloemen met het witte midden tonen een diameter van 3-5 cm en groeien meestal met een of twee of drie tegelijk aan het eind van een tak. Ze verspreiden een lichte geur. Eenmalig bloeiend in juni-juli.

VRUCHTEN: overvloedige groei van 1-2 cm lange, scharlakenrode bottels, die tot in de winter aan de roos blijven hangen.

BIJZONDERE EIGENSCHAPPEN: de roos biedt de overwinterende vogels onderdak en voedsel. In de insectenwereld is de roos geliefd om zijn stuifmeelleveranties. Het mat donkergroene, geveerde blad geurt intens naar appel als erover wordt gewreven.

GEBRUIK: wilde rozen zijn geschikt voor een plaats alleen of in een groep, voor natuurlijke hagen en voor in kuipen. Ze zijn een goede keuze voor natuurtuinen, wilde tuinen en aanleg in het vrije landschap. De roos laat zich graag vergezellen door andere wilde rozen of struikgewas. Bij hagen geldt een plantafstand van 70-100 cm; solitaire planten krijgen meer ruimte (1,50-2,50 m).

ROZENBOTTELOOGST IN DE HERFST

Bottels oogst u van september tot oktober, wanneer de vruchten al wel rood, maar nog hard zijn: dan bevatten ze de meeste waardevolle stoffen. U snijdt ze af, ontdoet ze van de kern en u laat ze drogen aan de lucht. Opgeborgen in afsluitbare potjes hebt u een vitaminevoorraad voor de winter.

Rosa sericea 'Pteracantha'

HERKOMST: deze uit China stammende roos werd in 1890 ingevoerd in Europa. Ook: *Rosa omeiensis* 'Pteracantha'.

GROEI: de krachtig groeiende struik is rijk vertakt en wordt 2-3 m hoog en breed. Hij breidt zich uit middels uitlopers.

BLOEI: de enkele, witte bloemen zijn met hum diameter van 2-4 cm relatief klein. Ze verschijnen echter wel in groten getale boven het glanzend groene, geveerde blad. Het bijzondere aan de bloemen is dat ze meestal uit slechts vier of vijf bloemblaadjes bestaan. Ze zijn verdeeld over de lange takken en bijna uitsluitend met één bloem tegelijk. De bloeitijd begint vroeg in de zomer.

VRUCHTEN: overvloedige groei van kleine, rode bottels.

BIJZONDERE EIGENSCHAPPEN: blikvangers zijn de al van afstand waar te nemen felrode doorns. De doorns (stekels) zitten met name aan de jonge uitlopers en zijn met 1-2 cm behoorlijk groot en breed.

GEBRUIK: deze uiterst winterharde wilde roos is als solitair het mooist. Hagen van prikkeldraadrozen ontwikkelen zich snel tot ondoordringbare barrières en zijn als nestplaatsen voor vogels zeer geliefd. Omdat de roos weelderig groeit, hebt u voor een haag erg veel ruimte nodig.

STEKELS OF DOORNS?

Rozen hebben stekels: het zijn uit-
groeisels van de bovenste huidlaag,
die zich moeilijk laten verwijderen.
Doorns zijn getransformeerde or-
ganen zoals bladeren en loten.

Rosa spinosissima

Standplaats:
☀ – ☀

Eigenschappen:
❀ ➳ ✿

HERKOMST: de in Europa inheemse wilde roos is vooral te vinden aan de noordelijke kustgebieden en is ook bekend onder de namen Duinroos en Schotse roos. Botanisch heette de roos vroeger *Rosa pimpinellifolia*.

GROEI: breeduit en bossig, opgaand en met licht overhangende, met veel doorns bezette takken, 1-1,50 m hoog en breed. De struik breidt zich uit middels uitlopers.

BLOEI: de enkele, komvormige bloemen zijn zacht crèmekleurig en geuren zoet naar honing. Ze verschijnen in groten getale van mei tot juni.

VRUCHTEN: de violetzwarte bottels vormen een decoratief kenmerk van de roos.

BIJZONDERE EIGENSCHAPPEN: de roos verdraagt zandige, voedselarme en zilte grond, en wordt daarom vooral toegepast voor het vasthouden van grond in de duinen.

GEBRUIK: één plant zal zeker een blikvanger zijn in uw tuin, maar in rijen gezet ontstaat een decora-

tieve, natuurlijke haag. Voor een open haag hebt u aan één tot twee exemplaren per vierkante meter genoeg. Geliefd bij bijen en gedijt ook in de halfschaduw. Deze roos is tevens geschikt voor hellingen en heidetuinen.

SOORTKEUZE: de 'Frühlingsgold' bloeit goudgeel en geurt zacht. De 'Frühlingszauber' heeft helderrode bloemen met een opvallend geel hart die ook nog eens aangenaam geuren. De 'Maigold' kenmerkt zich door goudgele, met een koperen waas overtrokken gevulde bloemen met een intense geur. Deze soorten worden met 2,50-3 m hoger dan de beschreven soort en kunnen zelfs als klimroos omhoog groeien. De 'Stanwell Perpetual' heeft halfgevulde, bleekroze bloemen en verspreidt een heerlijke, romantische geur.

DWERGROZEN VOOR WEINIG PLAATS

Als u aan rozen denkt, ziet u dan ook meteen grote, weelderige landhuistuinen, romantische rozenbogen en begroeide prieeltjes voor u? Voor dat moois hoeft u niet te leven in grote tuinen zoals die in sprookjes. Om te kunnen genieten van de betovering van rozen kunt u ook klein beginnen en overwegen dwergrozen aan te schaffen, want die hebben zelfs op het kleinste plekje genoeg ruimte. Daarbij komt dat ze hun zeer geringe hoogte van 30-50 cm met een schitterende bloemenpracht compenseren. Dwergrozen passen goed in kuipen, schalen en balkonbakken, maar die mogen niet te klein zijn. De bakken moeten ten minste 25 cm diep en breed zijn, zodat de rozen behaaglijk kunnen groeien. Bovendien hebben ze geregeld water en voeding nodig. Met dwergrozen kunt u perken en terrassen omzomen. Ze zijn tevens geschikt voor rotstuinen en voor op graven. Maar combineer ze niet met sterkgroeiende planten of struiken, want dan gaat het optische effect verloren. Patiorozen, zoals deze minirozen ook wel heten, zijn minder sterk dan heesterrozen en behoeven na het planten nog verzorging. Het kleine, zachte blad is gevoelig voor schimmelziekten, met name voor de uit de grond komende sterroetdauw: de kans op ziekten neemt daarom bij dwergrozen in bakken relatief af. Voorzorg is de beste medicijn: zet de rozen op een zonnige, luchtige plaats en giet nooit over het blad. Voor uw tuin adviseren we veredelde dwergrozen; die zijn duidelijk sterker en willen beter groeien dan de via stekjes vermeerderde potrozen.

Rosa 'Mandarin'

HERKOMST: gekweekt, Kordes 1987.

GROEI: bossig, compact, circa 25 cm hoog.

BLOEI: de losjes gevulde, lichtgeurende bloemen zijn in het midden oranjegeel en lopen naar de rand toe zalmroze uit. Met een diameter van 8-10 cm zijn ze – niet in verhouding met de korte takken en kleine bladeren – zeer groot. Ook qua kleur steken ze nogal af bij het groene, iets glanzende blad.

BIJZONDERE EIGENSCHAPPEN: de twee kleuren van de bloemen die in trossen over de plant zijn verdeeld, is een aspect dat terecht de aandacht trekt. De kleuren geven een romantische, speelse indruk.

GEBRUIK: de 'Mandarin' is geschikt voor balkonbakken en andersoortige bakken of potten. U kunt ze ook in borders of perken zetten, bij voorkeur met andere lage planten of dwergrozen, want anders raken ze snel overwoekerd.

GELIJKENDE SOORTEN: de 'Bunter Kobold' (30-40 cm) bloeit meerkleurig geel en rood. De oranje, gevulde bloemen van de 'Pan' zijn onregelmatig geel gestreept.

Rosa 'Orange Meillandina'

HERKOMST: gekweekt, Meilland 1980.

GROEI: opgaand bossig, dicht vertakt, 30-40 cm hoog.

BLOEI: uit de druppelvormige, zalmroze knoppen ontvouwen zich stralend oranjerode, gevulde bloemen. Ze bloeien komvormig open en hebben dan een diameter van circa 4 cm. De rode bloemtrossen contrasteren sterk met het groene, iets glanzende blad. De soort is vaker bloeiend met een uitgesproken hoofdbloei.

BIJZONDERE EIGENSCHAPPEN: de schitterende bloemen zijn kleurvast en leveren onvoorspelbare kleuraccenten. De dwergstamrozen zijn zeer decoratief.

GEBRUIK: dit miniatuurroosje is geschikt voor groepen in perken, voor het omzomen van terrassen en paden en voor allerlei soorten potten. Ze hebben veel verzorging nodig willen ze niet snel verkommeren. De plantafstand moet 30 cm zijn, of plant acht tot tien exemplaren per vierkante meter.

GELIJKENDE SOORTEN: de 'Cumba Meillandina' bloeit oranje, de 'Peach Meillandina' abrikoosoranje en de 'Sunny Meillandina' geel.

Standplaats:
☼

Eigenschappen:
❀❀❀

Toepassing:

Rosa 'Rosmarin 89'

HERKOMST: gekweekt, Kordes 1989.

GROEI: bossig, sterk vertakt maar daarbij compact, wordt slechts 20 cm hoog.

BLOEI: hoewel de roze bloemen gevuld zijn, zijn ze toch regenbestendig. De bloemschermen verschijnen de hele zomer door met een duidelijke hoofdbloei. De bloemen liggen verdeeld over het donkergroene, zeer dicht groeiende blad. In tegenstelling tot de roze bloei zijn de druppelvormige knoppen rood.

BIJZONDERE EIGENSCHAPPEN: de 'Rosmarin' is een van de kleinste dwergrozen. De rozetachtige, gevulde bloemen verlenen het struikje een romantisch tintje.

GEBRUIK: aantrekkelijke miniatuurroos voor balkonbakken, schalen en kuipjes. Ook als dwergstamroos verkrijgbaar. U kunt de roos apart of in groepen plaatsen, maar de standplaats moet wel optimaal zijn. De plantafstand bedraagt idealiter 30 cm, dan zijn acht tot tien planten per vierkante meter. Lage, traag groeiende planten passen er goed bij. De soort is geschikt voor grafbeplanting.

GELIJKENDE SOORTEN: de 'Charmant' (30-40 cm) overtuigt met zijn puur roze, rozetvormige bloemen en zoetige geur. De rozerode, gevulde bloemen van de 'Amulett' (50-60 cm) lijken op pompondahlia's. De 'Dresden Doll' (30-40 cm) is een mosroos in miniatuurformaat. Uit de vele knoppen, die met mos lijken begroeid, ontvouwen zich schelproze, gevulde bloemen.

DE VOOROUDERS VAN DE MODERNE DWERGROZEN

komen uit China. Daar had de soort zich uitstekend aangepast aan het landschap en het klimaat. In 1810 kwam het roosje naar Engeland, waar het algauw een geliefde kamerplant werd. De huidige tuinsoorten zijn veredeld, waardoor ze sterker zijn dan hun voorvaderen.

Rosa 'Sneprinsesse'

Standplaats:

Eigenschappen:

Toepassing:

HERKOMST: gekweekt, Grootendorst 1966.

GROEI: bossig, opgaand, circa 35 cm hoog.

BLOEI: de witte, gevulde bloemen hebben een bolronde vorm. Ze zijn relatief klein en geuren licht. Hun geringe grootte maken ze goed door in groten getale in dichte trossen boven het heldergroene, glanzende blad te verschijnen. De soort is vaker bloeiend.

BIJZONDERE EIGENSCHAPPEN: deze bekoorlijke 'sneeuwprinses' kenmerkt zich door uiterst gezonde blad. Het is een afstammeling van de bekende perkroos 'Muttertag'.

GEBRUIK: een lage roos voor perken, borders, balkonbakken en kuipen. Het wit van de bloemen valt vooral in het oog wanneer de roos in groepen wordt geplant. Als plantafstand adviseren we 35 cm.

GELIJKENDE SOORTEN: de 'Schneeküsschen', een betoverende plant met witte bloempjes die zijn overtrokken met een roze waas, wordt tot 30 cm hoog. De 'White Gem' boeit met zijn grote, gevulde, witte bloemen. Prachtige aanvullingen in kleur zijn de rode roos 'Muttertag' en de oranjerode 'Orange Muttertag'.

Rosa 'Sweet Dream'

HERKOMST: gekweekt, Fryer 1988. Syn. 'Fryminicot'.

GROEI: bossig, opgaande groei, circa 45 cm hoog.

BLOEI: de sterkgevulde bloemen tonen een krachtige abrikooskleurige tint. Ze ontvouwen zich komvormig en verspreiden een bescheiden geur. Het glanzende donkergroene, dichte blad contrasteert mooi met de warme kleur van de bloemen.

BIJZONDER EIGENSCHAPPEN: de soort behoort tot de patiorozen, die de overgang van miniatuur- naar floribundarozen perfect belichamen. Ze zijn groter, bossiger en sterker dan de dwergrozen en maken met hun sterkgevulde, rozetvormige bloemen beslist indruk.

GEBRUIK: ideaal voor perken en borders in kleine tuinen, voor begroeiing bij terrassen en voor beplanting van balkonbakken en kuipen. Hogere rozen achter een groep lagere patiorozen geeft in borders een ruimtelijk effect.

GELIJKENDE SOORTEN: de 'Apricot Clementine' groeit net zo compact, de gevulde bloemen zijn roze tot abrikoos van kleur

Standplaats:
☼

Eigenschappen:
❀❀❀ ↩

Toepassing:
🗑

Rosa 'Zwergenfee'

HERKOMST: gekweekt, Kordes 1979.

GROEI: bossig, losjes vertakt, gemiddeld sterk groeiend, circa 35 cm hoog.

BLOEI: de schitterend rode, fluwelige bloemen zijn dicht en als rozetten gevuld. Ze groeien in trosjes van drie tot vijf stuks aan de tere vertakkinkjes, en verspreiden een aangename geur. De bloemen zijn met hun diameter van 5 cm in verhouding erg groot. De knoppen zijn in tegenstelling tot de bloemen bloedrood.

BIJZONDERE EIGENSCHAPPEN: de kleurenpracht van de bloemen zorgt voor een goede ruimtelijke werking. Het blad is in het begin roodachtig maar wordt later matgroen. Ze vormen met de kleur van de bloem een sterk en kleurrijk contrast.

GEBRUIK: de kleine roos is geschikt voor plantenbakken van allerlei soort. U kunt de roos in perken en borders het best in groepen plaatsen, zodat zijn kleurenpracht goed tot uiting komt. De roos past ook goed in rotstuinen en bij graven. In het algemeen is het raadzaam een plantafstand aan te houden van 30-35 cm of negen tot elf exemplaren per vierkante meter te planten.

GELIJKENDE SOORTEN: de 'Maidy' wordt 30 cm hoog en breed. De roos heeft grote, gevulde bloemen in scharlakenrood met opvallend, zilverig wit onder aan de bloemblaadjes. Aan te bevelen voor balkonbakken, waarbij u in een bak van 1 meter lang vier planten zet. De 'Scarletta' wordt 30-35 cm hoog. De scharlakenrode bloemen zijn half gevuld en groeien in dichte trossen. Tot laat in de herfst verschijnen die in groten getale.

BONTE MENGELINGEN MET ZOMERBLOEMEN EN VASTE PLANTEN

Rozen alleen vormen een prachtige aanblik, maar wie meer kleur en vorm wil, kan de dwergrozen combineren met zomerbloemen en vaste planten. Hier zijn trage groeiers op hun plaats, zoals de klokjesbloem, lage grasanjer en bodembedekkende vaste planten uit de rotstuin.

Rosa 'Zwergkönig 78'

Standplaats:
☀

Eigenschappen:

Toepassing:
🪣 🌱

HERKOMST: gekweekt, Kordes 1978.

GROEI: bossig, opgaande groei, rijk vertakt, 40 cm of hoger.

BLOEI: de stralend karmijnrode bloemen zijn half gevuld en bloeien komvormig open: op dat moment hebben ze een diameter van circa 5 cm. Boven het frisgroene blad komt de intense kleur goed bijzonder goed tot uiting. De vaker bloeiende soort vertoont een uitgesproken hoofdbloei.

BIJZONDER EIGENSCHAPPEN: de sterke dwergroos is in kleine tuinen een goed alternatief voor heesterrozen. In grotere groepen geplant genereert deze roos een groot kleureffect

GEBRUIK: een onmisbare roos voor potten en balkonbakken, die ook als half- en dwergstamroos is te verkrijgen. De roos kan alleen of in groepen in de tuin staan, in perken, borders of als omzoming. De roos is geschikt voor lage hagen en ook voor beplanting bij graven (afstand: 30-35 cm).

GELIJKENDE SOORTEN: de 'Alberich' is eveneens veelzijdig, maar heeft kleine, diep karmozijnrode bloemen in piramidale trossen.

Rosa 'Zwergkönigin 82'

HERKOMST: gekweekt, Kordes 1982.

GROEI: breeduit en bossig, opgaand, 35-40 cm hoog.

BLOEI: uit de bolvormige, karmozijnrode knoppen ontvouwen zich dieproze bloemen. Ze zijn rozetvormig gevuld en bloeien komvormig open. Met een diameter van 5-6 cm zijn ze voor een dwergroos nogal fors. Ze staan bijzonder mooi en contrastrijk bij het sterk glanzende blad, zelfs als ze bij het verbloeien lichter van kleur worden. Bij hitte kunnen de bloemen wat blauw worden.

Standplaats:
☀

Eigenschappen:
🌸🌸🌸 ↩

Toepassing:
🪴 ⚱

BIJZONDERE EIGENSCHAPPEN: dit roze verbloeiende familielid van de 'Zwergkönig 78' (zie hiernaast) – koninklijke broer en zus – is net zo veelzijdig en sterk. De gewelfde bloemblaadjes en de zachte geur geven de roos een romantisch tintje. De hoofdbloei is met grote bloemtrossen overvloedig; in de nabloei verschijnen de bloemen meestal niet in trossen maar alleen.

GEBRUIK: een miniatuurroos die geschikt is voor perken, borders, omzomingen en plantenbakken van alle soorten en maten. In grotere groepen geeft de roos een stralend kleuraccent aan uw tuin. De roos is ook als half- of dwergstamroos verkrijgbaar.

Register